Mon cher Clément, ma chère Margot

L'HISTOIRE D'AMOUR ET DE GUERRE
de Clément GAUTHIER
et Marguerite MOLLEUR

LOUISE GAUTHIER

Mon cher Clément, ma chère Margot

L'histoire d'AMOUR et de GUERRE de CLÉMENT GAUTHIER et MARGUERITE MOLLEUR

LES ÉDITIONS GID

Édition
Serge Lambert

Concept graphique et mise en pages
Hélène Riverin

Révision linguistique
Hélène Riverin

Suivi de production
Johanne Dupont

Distribution
Distribution Filigrane inc.
7460, boulevard Wilfrid-Hamel
Québec (Québec) G2G 1C1
Téléphone : 418 877-3666
distributionfiligrane@gidweb.com

Page couverture
Photographie : collection de l'auteure

Société de développement des entreprises culturelles

Québec 🍁🍁

Nous remercions la SODEC pour le soutien financier accordé à notre maison d'édition par l'entremise de son Programme d'aide aux entreprises du livre et de l'édition spécialisée ainsi que le gouvernement du Québec pour son Programme de crédit d'impôt pour l'édition du livre – Gestion SODEC.

Canada Nous reconnaissons l'aide financière du gouvernement du Canada par l'entremise du Programme d'aide au développement de l'industrie de l'édition (PADIÉ) pour nos activités d'édition et l'en remercions.

Conseil des Arts du Canada   Canada Council for the Arts

Nous remercions le Conseil des Arts du Canada de l'aide accordée à notre programme de publication.

Dépôt légal – Bibliothèque et Archives nationales du Québec, 2008
Dépôt légal – Bibliothèque et Archives Canada, 2008

LES ÉDITIONS GID

© LES ÉDITIONS GID INC. et LOUISE GAUTHIER, 2008
7460, boulevard Wilfrid-Hamel
Québec (Québec)
Canada G2G 1C1

Téléphone : 418 877-3110
Télécopieur : 418 877-3741

editions@gidweb.com
leseditionsgid.com

Imprimé au Canada
ISBN • 978-2-89634-017-0

À mes parents, Marguerite Molleur et Clément Gauthier

À leurs enfants, petits-enfants et arrière-petits-enfants

À tous les couples séparés par la guerre

PRÉAMBULE

Est-ce le mystère qui entoure le personnage de mon père, ce mystère dans lequel baignent mes premières années, qui a inspiré cette quête des racines qui m'habite aujourd'hui ? Est-ce le mystère auréolant ce jeune couple amoureux séparé par la guerre qui me pousse à chercher leur histoire et celle de ma famille ? Est-ce le secret emporté dans la tombe qui me pousse à réinventer le non-dit et à faire surgir dans la clarté le portrait de mon père ? Est-ce l'amnésie collective des Québécois qui me pousse à faire éclater le mur du silence et à chercher la vie quotidienne des années de guerre ? Car l'histoire des uns n'est jamais solitaire; elle est celle d'une société, d'une époque. Le cœur des individus bat au rythme de celui de la collectivité, leurs poumons respirent l'air du temps. Et l'histoire vécue un jour attend seulement d'être racontée.

TABLE DES MATIÈRES

AVANT-PROPOS

Depuis plusieurs années, une question me taraudait, se faisant de plus en plus insistante et complexe au fil du temps. Pourquoi ? Pourquoi mon père, Clément Gauthier, est-il parti outre-mer comme volontaire au cours de la Seconde Guerre mondiale, laissant derrière lui sa jeune épouse enceinte ? Comment a-t-il pris cette importante décision ? Pourquoi n'a-t-il jamais parlé de cette période de son histoire par la suite et pourquoi ne l'avons-nous pas interrogé alors qu'il était encore temps ? Pourquoi également le silence sur ce sujet régnait-il autour de moi dans mon milieu social ? Je semblais la seule à avoir vécu une telle expérience.

Le besoin d'éclaircir les circonstances qui ont présidé à ma naissance, en juin 1942, alors que mon père était en service en Angleterre, et à ma première enfance, jusqu'au jour de janvier 1945 où nous avons fait connaissance, m'a amenée à me pencher sur les débuts de mon histoire familiale. Pour ce faire, j'ai eu la chance de compter sur deux personnes dont j'ai enregistré les récits lors d'entrevues réalisées à leur domicile. Tout d'abord, si ce texte a pu prendre forme, c'est grâce au témoignage de Marguerite Molleur, ma mère, dont la mémoire a su faire revivre ses années de jeunesse au sein de la famille Molleur et sa vie de couple en temps de guerre, éléments qui constituent le cœur de cette histoire. Sa collaboration, son regard et ses commentaires sur mes textes se sont révélés essentiels tout au long du travail d'écriture. Nos entrevues se sont déroulées entre octobre 1999 et novembre 2002; à cette dernière date, elle était âgée de quatre-vingt-quatre ans. En outre, Lucienne Gauthier Bastien, une sœur de mon père, décédée en novembre 2000 à l'âge de quatre-vingt-onze ans, m'a légué par ses souvenirs l'histoire de la famille Gauthier qui fait l'objet de la première partie de ce récit; les entrevues auprès de Lucienne se sont déroulées d'octobre à décembre 1999 alors qu'elle était âgée de quatre-vingt-dix ans. Ma reconnaissance envers ces deux femmes de la famille est immense; sans elles, le présent ouvrage n'existerait pas. Dans la mise en forme du texte, j'ai tenté de recréer le vécu de mes indicatrices en conservant le plus possible l'esprit et les termes de leur témoignage. J'ai également complété ces récits de mémoire par la consultation d'archives familiales, de généalogies, de photos et de lettres échangées par mes parents.

Pour avancer, cependant, il fallait également saisir le contexte de l'époque et situer les événements historiques dans leur chronologie de même que dans la vie de notre société. Cette démarche, que je voulais sommaire, s'est révélée la plus ardue. Malgré ma situation de documentaliste, j'ai eu peine à trouver l'information souhaitée. Les ouvrages de référence québécois, livres ou revues, se taisaient sur le sujet. Où pouvaient bien se trouver les renseignements susceptibles d'éclairer ma mémoire personnelle et familiale ? Comment nos historiens avaient-ils pu escamoter les événements touchant le Québec et la guerre ? Ainsi, par un biais inattendu, en voulant percer le silence entourant ma mémoire individuelle, ai-je fait la troublante découverte du silence de la mémoire collective du Québec sur le sujet. « Je me souviens », mais de quoi ? Désormais, je me retrouvais désenchantée de notre devise, désillusionnée par les trous de notre mémoire et obligée de chercher là où elle avait oublié.

Fort heureusement pour mon projet, depuis plus d'une dizaine d'années s'est développée à l'Université du Québec à Montréal, en collaboration avec des historiens de la Défense nationale à Ottawa, une chaire de recherche touchant les divers aspects politique, social et culturel de la problématique de l'histoire militaire au Québec : la Chaire Hector-Fabre d'histoire du Québec. Le dépouillement des différents écrits émanant de ces chercheurs m'a fourni de précieux outils qui ont contribué enfin, tel le fil d'Ariane, à me guider dans les dédales de la constitution de notre mémoire; de découvrir que le silence de mon père sur son vécu militaire se fondait dans le silence plus épais encore sur le vécu d'environ 90 000 volontaires canadiens-français s'étant retrouvés outre-mer entre 1939 et 1945. Je dois notamment à madame Béatrice Richard d'avoir illuminé les zones sombres de ma recherche grâce à son livre publié chez VLB, en 2002 : *La mémoire de Dieppe : radioscopie d'un mythe*, adaptation de sa thèse de doctorat déposée à l'UQAM en l'an 2000. La participation aux colloques de la Chaire m'a permis une meilleure compréhension de mon sujet grâce aux échanges avec des participants, particulièrement avec Michel Litalien et Yves Tremblay, de la Direction histoire et patrimoine du ministère de la Défense nationale (Canada), et avec André Kirouac, directeur du Musée naval de Québec.

La visite des sites du débarquement de Normandie s'est avérée une étape essentielle de ma démarche. J'ai également réalisé des entrevues auprès de deux anciens combattants de la Marine canadienne qui ont pris part à la protection des mers contre les sous-marins allemands et qui ont pu illustrer concrètement le déplacement des convois. Il s'agit d'abord de Laurent Saint-Pierre, membre d'équipage de la corvette *Chilliwack*, qui a escorté plusieurs convois sur l'Atlantique Nord; il a essuyé de furieuses attaques de sous-marins et a participé, avec l'équipage de la *Chilliwack*, à la destruction du sous-marin U-744. Mon autre informateur, René Guimont, a également œuvré sur une corvette, la *Petrolia*, et accompagné des convois comptant une centaine de navires.

Ainsi s'est constitué un matériel riche et fascinant auquel se sont ajoutées des heures de lecture des documents et ouvrages finalement dénichés traitant de la Seconde Guerre mondiale et de la participation des Canadiens français au conflit. Les Archives nationales du Canada m'ont fourni pour leur part le dossier militaire de mon père ainsi que des renseignements sur ses traversées de l'Atlantique; je remercie particulièrement Micheline Brousseau, de la Division des services aux chercheurs, pour sa collaboration attentive et la pertinence de ses conseils.

Ainsi également a commencé à émerger du brouillard du temps et du silence de la mémoire une esquisse de l'époque, des silhouettes de personnages, les portraits de plus en plus précis d'un homme et d'une femme au cœur de la tourmente. Les mots se sont alors mis en action pour restituer à ce couple son histoire et à ceux qui en ont soif, un pan de leur mémoire.

Merci à ceux qui ont accompagné de leur soutien cette aventure : Esther Croft, dont les ateliers d'écriture ont permis l'émergence d'un premier texte à l'origine de tous ceux qui ont suivi; les « Dames Plumes », Lucie Mercier et Danielle White, lectrices et inspiratrices à toutes les étapes du travail; Jacqueline Roy, pour ses conseils avisés et sa lecture finale minutieuse; Raymond Vinette, pour son précieux appui, et Jean-Rémi Duquet, pour son aide à la mise en forme.

Enfin et surtout, toute ma reconnaissance à mon compagnon de vie, Michel Vekeman, indispensable conseiller historique et lecteur attentif, pour son indéfectible patience et son accompagnement tout au long de ces années de recherche.

PREMIÈRE PARTIE

DU CÔTÉ DES GAUTHIER

La petite à la fenêtre

La petite, effrayée, osait à peine risquer un œil par la fenêtre durant les épisodes de violences. Les parents avaient d'ailleurs interdit aux enfants de s'approcher de la fenêtre lorsqu'ils entendaient du bruit.

C'était en 1918. Lucienne Gauthier se souvient encore, à quatre-vingt-dix ans, de l'anxiété suscitée chez elle et chez les autres enfants par ces événements qui se déroulaient à proximité de chez eux, dans le quartier Saint-Roch. Depuis décembre 1917 était entrée en vigueur la loi imposant aux Canadiens le service militaire obligatoire décrété par le gouvernement Borden. L'opposition à la conscription était grande au Québec. Et depuis le printemps 1918, la situation avait empiré. À un moment donné, un couvre-feu avait même été imposé dès 21 heures en raison des troubles qui se multipliaient. La « police montée » circulait dans les rues et, au besoin, arrêtait les gens qui faisaient du désordre. En face de la maison de Lucienne, on apercevait le studio d'un photographe, dont l'entrée constituait un étroit couloir dans lequel étaient exposées des photographies. Les jeunes en fuite s'y engouffraient souvent, suivis bientôt des policiers à cheval qui tentaient de les y rejoindre, ce qui causait une certaine panique.

Elle se remémore également avec précision certaines émeutes survenues non loin de chez elle, au magasin d'un marchand de fer du nom de Lajeunesse. Les hommes s'installaient sur le toit de l'édifice de trois étages de la rue Saint-Joseph. De là, ils dominaient la situation et, à l'approche des policiers, ils les attaquaient à coups de fusil ou leur lançaient des briques. Les enfants Gauthier entendaient distinctement les cris et les coups de feu ou les bruits provoqués par des objets qui tombaient du toit. On leur disait que la même chose se passait au Capitol. Au printemps de 1918, en effet, la situation s'était aggravée alors que l'armée sillonnait le Québec pour trouver les conscrits manquant à l'appel; la littérature en fait foi :

> Une émeute éclate à Québec à la suite de l'arrestation d'un jeune homme ne portant pas son papier d'exemption. Une foule de 2000 personnes manifeste le Jeudi saint, 28 mars. Les tensions sont vives toute la fin de semaine de Pâques et, le lundi 1er avril, l'armée charge la foule au pied de la côte Salaberry; il y aura quatre morts, plusieurs blessés et 58 arrestations. (Fallu, p. XX)

Tous ces événements créaient un grand émoi dans la population, particulièrement chez les enfants, et rendaient Lucienne et sa sœur Gabrielle fort craintives. Ainsi, même loin du front, la guerre imprimait ses premières marques sur la famille Gauthier. Clément, leur jeune frère, n'avait alors que dix-sept mois. Quant à Marguerite Molleur, elle voyait le jour le 1er avril 1918, à Montréal.

Dans la grande maison de la rue Saint-Joseph

En ce temps-là, rue Saint-Joseph, dans la paroisse Notre-Dame-de-Jacques-Cartier, que de vie dans la grande maison ! Il faut dire que c'était alors un très beau secteur regroupant plusieurs résidences de médecins, à peu de distance du boulevard Langelier. Plus loin, vers l'est, en direction de l'église Saint-Roch, s'alignaient de nombreux commerces. C'étaient les belles années de la rue Saint-Joseph qui, à partir de la fin du XIXe siècle, a joui de la réputation d'artère commerciale principale de la ville de Québec. Boutiques et grands magasins aux vitrines brillantes, pharmacie, caisse d'économie, bureau de poste, églises, faisaient les beaux jours de cette rue du quartier Saint-Roch. Alors que la rue des Fossés, qui deviendra plus tard le boulevard Charest, ne desservait que les entrées de service des établissements, la rue Saint-Joseph était devenue la plaque tournante du commerce et de la circulation, surtout depuis qu'on l'avait choisie pour le parcours du tramway. Les vitrines des grands magasins, qui s'amélioraient continuellement, s'illuminaient de la toute nouvelle électrification et attiraient les visiteurs. Les commerces se modernisaient sans cesse et bientôt, faute d'espace, durent croître en hauteur, sur le modèle de villes américaines comme Chicago et New York, au point où on en vint à surnommer la rue Saint-Joseph « Broadway de Québec »; au même moment on parlait de « transformer en "Champs-Élysées" la future Grande Allée, à la haute-ville » (Morisset, p. 191).

Tandis que Saint-Roch s'embourgeoisait, la partie ouest du secteur, le quartier Jacques-Cartier, voyait son développement marqué par la construction de belles résidences mo-

17

dernes et par l'aménagement du parc Victoria. En 1901, fut créée la paroisse Notre-Dame-de-Jacques-Cartier avec la construction d'une nouvelle église.

Dans la grande maison, entre Saint-Anselme et Caron, de biais avec l'église Jacques-Cartier, les murs résonnaient du babil enfantin, du moins à l'étage, où résidait la petite famille, car le rez-de chaussée était occupé par le bureau du médecin et la salle d'attente; les enfants qui habitaient au-dessus ne devaient donc pas faire trop de bruit : c'était la consigne ! En effet, le docteur Louis-Ovide Gauthier, oto-rhino-laryngologiste, avait établi son bureau dans sa résidence, comme c'était la coutume. Mais, heureusement, au troisième niveau, une sorte de grenier à demi fini servait de salle de jeu fabuleuse...

C'est dans cette maison qu'est née Lucienne, le 19 mai 1909, la cinquième de six enfants. Quant au premier, Louis-André, décédé à deux ans, aucun de ses frères et sœurs ne l'a connu. Deux grands frères de neuf et sept ans précédaient les filles : Charles-Auguste et Jean-Paul. Le premier, sérieux et studieux, poursuivra de longues études, depuis le Séminaire de Québec, en passant par la faculté de médecine à l'Université Laval, jusqu'à sa spécialisation en neurologie à New York et en Europe. Jean-Paul, à l'inverse, se démarquait de son aîné : pas studieux pour un sou, artiste et joyeux luron... Lucienne aura beaucoup d'affinités avec lui.

Mais son inséparable, son bras droit, c'était Gabrielle, de 16 mois son aînée. Fillette frêle, souffrant de migraines dès son jeune âge, elle fut la compagne de Lucienne, du premier au dernier jour, tout au long de sa vie. Plus tard, en 1916, suivra Clément. Mais, pour quelques années, Lucienne occupa le dernier rang. Que de temps passé, pour les deux fillettes, aux jeux de poupées qu'elles possédaient en abondance. Et que d'heures aussi, avec les années, le nez dans les livres. On jouait beaucoup chez soi ou chez des amis, sur le balcon ou dans la cour, selon le cas. Par chance, les petites voisines, dont le père était libraire, possédaient une grande cour où on faisait même une patinoire l'hiver, au grand plaisir des enfants.

À l'adolescence, les dimanches matin seront très appréciés chez les amies Dumontier : dans l'immense cuisine qui occupait pratiquement tout l'étage, à côté du gros poêle de fonte et du mobilier de cuisine, se trouvait l'attraction générale : la table de billard qui attirait garçons et filles. Tandis que les garçons y démontraient leur adresse, les fillettes de douze ou treize ans se rendaient régulièrement les regarder jouer; c'était une activité des plus agréables !

L'hiver deviendra particulièrement excitant lorsque la mode du ski fera son apparition. Les fillettes, accompagnées de leurs frères et amis, commenceront alors à s'adonner à ce sport qui les amènera, grâce au tramway, de la basse-ville jusqu'à la rue d'Auteuil ou sur les Plaines d'Abraham. Les multiples buttes des Plaines, de même que les murs de la citadelle, vers la rue d'Auteuil, leur fourniront des années de plaisir dont on parlera longtemps.

Et tout ce petit monde évoluait dans l'insouciance et la facilité, inconscient du confort hérité de familles prospères.

Les parents

Le docteur Louis-Ovide Gauthier, père de Lucienne et de Gabrielle, était un médecin spécialiste actif, fort occupé entre ses heures de bureau, rue Saint-Joseph, ses visites aux malades à domicile et les opérations à faire, soit à l'Hôpital de l'Enfant-Jésus ou à l'Hôpital Saint-François-d'Assise, deux établissements qu'il avait d'ailleurs contribué à fonder. Encore jeune, il était allé étudier la médecine en Europe, laissant derrière lui sa dulcinée, Eugénie Poulin, avec la promesse de revenir se marier. Après deux années de spécialisation, il était chef de la clinique Charles-Abadie, à Paris, ville où il projetait de s'établir définitivement. Comme son père, Ovide, n'était pas du tout d'accord avec ce dessein, et que sa mère, Célina Villeneuve, était déjà gravement malade, Louis-Ovide renonça à son projet; c'est ainsi qu'il s'établit plutôt dans la paroisse Jacques-Cartier, après avoir épousé, le 18 juillet 1898, Eugénie Poulin, l'aînée des huit enfants de Narcisse-Télesphore Poulin et de Marie-Anne Fournier.

Télesphore Poulin, père d'Eugénie, était également installé dans la paroisse Jacques-Cartier, ou, plus exactement, dans ce secteur de Saint-Roch qui sera érigé en paroisse en 1901. Marchand de fourrure, il était associé sous la raison d'affaires Dechêne et Poulin, compagnie qui fera construire, en 1907, un édifice de brique de quatre étages, rue Saint-Joseph. Télesphore faisait du commerce avec l'Angleterre, ce qui l'amenait à s'y rendre régulièrement; on l'a même vu traverser sept fois la même année, ce qui n'était pas une mince affaire, à une époque où il fallait aller prendre le bateau à New York, l'hiver. Lucienne raconte, à ce sujet, que sa générosité lui a sauvé la vie.

Un de ses amis, du nom de Nadeau semble-t-il, faisait également le commerce avec l'Angleterre. Un jour où monsieur Nadeau se désolait de ne pouvoir trouver les billets pour aller régler une prometteuse affaire outre-mer, Télesphore, n'ayant aucune urgence à effectuer un voyage qui pouvait facilement être remis à plus tard, lui céda ses billets... dont l'un sur le *Titanic*. Qui pouvait s'imaginer que le nouveau géant des mers, supposément insubmersible, frôlerait cet iceberg fatal à 590 kilomètres au large de Terre-Neuve en avril 1912 ? C'est ainsi que grand-père Télesphore n'est pas parti, mais que l'autre voyageur n'est jamais revenu... Télesphore a mis longtemps à se remettre de la perte de son ami, mort à sa place, avec son propre billet.

Tandis que le père d'Eugénie s'affairait au commerce des fourrures, Ovide Gauthier, le père de Louis-Ovide, était associé à son frère dans une compagnie fondée par eux en 1869 et devenue par la suite importante : Gauthier & Frère, peintres, décorateurs et vitriers. Ils possédaient, rue Saint-Joseph, un édifice de plusieurs étages dont le rez-de-chaussée constituait un magasin spécialisé dans la vente d'articles de décoration, comme la peinture, le papier peint, et une foule d'autres articles offerts sur catalogue; au premier niveau, on trouvait un éventail de miroirs qu'on taillait et encadrait; l'étage suivant était réservé aux vitres, destinées non seulement aux maisons, mais surtout aux vitrines de grands magasins.

Ovide, en raison de ses talents, effectuait surtout un travail artistique, particulièrement comme décorateur d'églises. À une époque où celles-ci étaient abondamment décorées de dorures, il était allé en Italie durant plusieurs mois pour apprendre à poser l'or en feuilles; par la suite, il a réalisé la décoration de plusieurs églises, dont celle de la paroisse Jacques-Cartier et une partie de la basilique-cathédrale de

Québec. Il aura également des élèves à qui il enseignera son art. Les ateliers Gauthier & Frère ont aussi contribué à décorer plusieurs édifices de la ville de Québec. On leur doit notamment une verrière, datant de 1918, véritable tunnel de lumière qui orne l'entrée du restaurant Le Parlementaire, dans l'édifice de l'Assemblée nationale du Québec. Durant son séjour en Italie, Ovide a également appris à faire de l'imitation de marbre au moyen de peinture sur bois; si cette activité ne fut pas tellement développée, il n'en reste pas moins que l'artiste était fort habile en ce domaine. Dans sa maison, une plante trônait sur une colonne décorée de ses mains qui en intriguait plus d'un qui croyait y voir du vrai marbre... Lorsque Ovide mourra, dans la soixantaine, c'est Louis-Ovide, l'aîné de la famille, qui, tout en poursuivant sa profession médicale, deviendra le principal actionnaire de la compagnie, tandis que son frère Eudore y travaillera comme employé.

Une enfance choyée

C'est dans cette famille fortunée, bien implantée et active dans la basse-ville de Québec, qu'est né Clément, dernier enfant de Louis-Ovide et Eugénie, le 2 novembre 1916. Bel enfant blond, frisé, aux yeux bleus, il suivait de sept et huit ans ses deux grandes sœurs Lucienne et Gabrielle, de quatorze et seize ans ses grands frères Jean-Paul et Charles-Auguste. On imagine sans peine à quel point le benjamin a pu s'attirer l'amour et l'attention de tout ce grand monde autour de lui.

De plus, ce qui ne gâtait rien, la famille vivait dans l'aisance. La maison de la rue Saint-Joseph, avec ses cinq pièces par étage, offrait l'espace et le confort, tant pour le bureau du médecin que pour la vie familiale. Une bonne aidait en permanence à l'entretien des lieux et au service. Le mercredi, jour où Louis-Ovide s'absentait de son bureau pour aller à l'hôpital, Eugénie recevait pour le thé; elle avait distribué sa carte d'invitation à un certain nombre de dames qui pouvaient venir se rencontrer autour d'une tasse de thé et d'une collation quand bon leur plaisait, le mercredi après-midi.

Si, à l'intérieur, les jeux calmes avaient la faveur pour éviter le bruit durant les heures de bureau, ce qui a valu aux fillettes une grande variété de poupées de toutes tailles avec la panoplie d'accessoires d'accompagnement, l'entourage et les amis permettaient un lot d'activités à proximité. L'hiver, le patin restait le sport le plus accessible jusqu'à l'apparition du ski, vers 1920; les jeunes se révélaient alors assez intrépides, apprenant toutes les techniques par eux-mêmes jusqu'à réaliser quelques exploits. Lucienne décrit des descentes mémorables de la côte De Salaberry, particulièrement abrupte. Il faut dire qu'à cette époque une certaine rivalité régnait entre les jeunes de la rue Arago, au pied de la côte, et ceux de la rue Latourelle, tout en haut. Le jeunes d'en bas n'aimaient pas voir descendre les gens d'en haut et creusaient parfois des trous dans la neige pour les faire culbuter à leur arrivée au pied de la côte; mais les valeureux skieurs, déjà fort habiles, arrivaient à repérer les tas de neige accumulée lors du creusage et à s'en servir comme tremplin pour terminer leur folle descente par un envol dont on ignore l'élégance, mais qui provoquait chez eux beaucoup de fierté !

L'été, lorsque la chaleur s'installait sur la ville, la famille Gauthier partait pour la saison profiter de la nature sur la Côte-de-Beaupré. Durant plusieurs années, ils allèrent à L'Ange-Gardien, à proximité de l'église. Les grands-parents y avaient déjà une maison à deux étages dont ils occupaient le rez-de-chaussée, réservant le haut pour les visiteurs de la famille. Pour leur part, Louis-Ovide et sa famille louaient le rez-de-chaussée de la maison voisine pour l'été, tandis que les propriétaires, des Laberge, logeaient à l'étage et voyaient au ménage et à l'entretien des terrains. Ainsi, les enfants allaient et venaient facilement chez les grands-parents et fréquentaient leurs cousins venus en visite, n'ayant qu'à enjamber la clôture à l'aide d'un petit escalier construit à leur intention. Dès ses premiers mois, Lucienne, née en mai, y passa l'été, chouchoutée par les Laberge.

Une dizaine d'années plus tard, leur père acquit une propriété au bord du fleuve, dans la localité d'Everell, aujourd'hui comprise dans Beauport. Au début du XXe siècle, ce premier rang « du bord de mer », territoire agricole à proximité de la ville, s'était développé grâce à la construction de la voie ferrée par la compagnie de chemin de fer Québec, Montmorency et Charlevoix; il était devenu le lieu de villégiature de prédilection pour une classe aisée de Québec. Il en fut ainsi jusqu'aux années 1950, moment de l'aménagement du boulevard Sainte-Anne (Bédard, p. 10-11). C'est cet endroit que Clément a gardé en mémoire avec beaucoup de nostalgie. Ce fut l'occasion pour les jeunes de profiter pleinement des attraits du fleuve. On pouvait même s'y baigner, grâce à la petite plage aménagée par monsieur Robert, à deux terrains de là; ce pêcheur d'anguilles avait déversé une bonne quantité de sable sur les berges pour accéder plus facilement à ses pêches, en cet endroit où la grève du fleuve était bordée de joncs. Le sable continuant de s'accumuler par la suite chez monsieur Robert, la plage fut là pour rester et les jeunes purent en profiter tout à loisir. À d'autres heures, on pouvait faire des balades sur le fleuve, en toute sécurité, dans une verchère à fond plat munie de flotteurs de chaque côté; ou encore jouer au tennis chez le voisin d'en face, monsieur Bilodeau, qui n'avait pas d'enfants mais qui aimait bien voir la jeunesse fréquenter son terrain. Et puis, en tout temps, là comme ailleurs, la lecture occupait une part importante des loisirs de Gabrielle et de Lucienne.

Ainsi s'écoulait la vie. Les enfants, bien évidemment, n'avaient pas conscience de leur chance ni de cette aisance dans laquelle ils baignaient tout naturellement, comme on respire l'air qui nous entoure. C'est seulement beaucoup plus tard, lorsque tout aura changé, qu'ils pourront constater à quel point ils faisaient une belle vie. Et rien comme le temps des Fêtes ne peut aussi bien l'illustrer...

Le temps des Fêtes

C'est l'excitation générale chez les enfants à l'arrivée de Noël. Maman Eugénie a installé, dans la salle à dîner, un gros arbre de Noël, tout bien décoré. Au moment d'aller dormir, le 24 décembre, les enfants suspendent leur bas au pied de leur lit pour y recevoir des gâteries.

Puis, minuit sonne. Les paupières encore lourdes de sommeil, les enfants assistent à la messe de minuit. Au retour, on fait un bon petit réveillon et on découvre les friandises et les oranges dans les bas de Noël. Mais il n'est pas question d'ouvrir tout de suite les étrennes qui garnissent le pied de l'arbre. Il faut retourner se coucher et patienter jusqu'au lendemain matin; ce sera alors le moment du déjeuner de fête, puis du déballage des surprises. Mais, à vrai dire, il s'agit de petits présents. Ce n'est pas encore la distribution des gros cadeaux, car la grande fête a lieu non pas à Noël, mais au jour de l'An. Alors, ce jour-là est absolument féérique !

Assez tôt, le matin du 1er janvier, maman Eugénie vient réveiller les enfants. Dans la noirceur matinale, on fait sa toilette et on se prépare pour la fête, mais en silence… Car, ce matin-là, il faut garder le silence. Les fillettes revêtent leurs plus belles toilettes, se font coiffer et se trouvent bientôt tout endimanchées. Leurs grands frères, non moins chics, arrivent ensuite à la porte de leur chambre et leur disent : « C'est le temps ! ». Les fillettes suivent alors leurs frères, toujours en silence, en direction de la chambre de leur père Louis-Ovide qui, vêtu de son bel habit noir, les attend pour les bénir. L'aîné, Charles-Auguste, demande alors la bénédiction paternelle. Et c'est seulement lorsque le père leur aura prodigué ses conseils et qu'il les aura bénis qu'explosera la joie des enfants

au milieu des vœux de bonne année ! On descend ensuite dans la salle à dîner où, cette fois, ce sont les gros cadeaux qui attendent au pied de l'arbre. C'est là que se déroule la véritable distribution des présents, au milieu de l'excitation qu'on devine.

Lorsque tous les emballages se sont volatilisés pour libérer leurs trésors, la famille s'habille pour se rendre chez les grands-parents Poulin. Car, c'est la coutume, grand-mère Poulin offre la réception du midi du jour de l'An. Elle accueille ses huit enfants et ses soixante petits-enfants pour un repas froid. Cela fait beaucoup de monde : lorsque certains couples ont dix enfants et qu'une famille en compte même dix-huit, on atteint rapidement un nombre respectable. Quand tous sont prêts, on se dirige vers la chambre des grands-parents Marie-Anne et Télesphore où se trouvent installés tous les cadeaux. On assiste alors à la distribution générale de présents fort importants; car les grands-parents ont distribué au préalable de généreux montants d'argent aux parents, les chargeant d'acheter les étrennes pour chacun de leurs enfants. Tous sont donc très gâtés, mais dans des genres fort variés, ce qui cause parfois quelques petites jalousies entre les enfants. Par exemple, dans les familles nombreuses, plusieurs reçoivent des vêtements et regardent avec un peu de regret les jouets des autres. Et tous se sont souvenus longtemps du jour où l'oncle Edmond a choisi pour ses enfants une grande balançoire en bois verni, en forme de demi-cercle avec deux sièges protégés d'un garde-fou, qui a frappé l'imagination des enfants et suscité beaucoup d'envie.

Cette diversité n'assombrit pourtant pas la fête, car avec autant de monde, il y a beaucoup de vie. La table est sobre et sans luxe, mais bonne et agréable. La maison des grands-parents Poulin est chaleureuse; tout le monde s'y sent bien.

On s'amuse et on peut faire jouer de la musique sur le phono-graphe à cylindres. Les garçons de seize et dix-sept ans en profitent pour distraire les plus jeunes en faisant jouer clan-destinement *La valse brune* : « C'est la valse brune/Des cheva-liers de la lune/Chacun avec sa chacune/La danse le soir. » Grand-maman Poulin arrive chaque fois en trottinant du plus vite qu'elle peut pour arrêter cette chanson d'amoureux jugée trop osée pour leurs jeunes oreilles… ce qui ne manque jamais de provoquer l'hilarité générale.

De là, pour compléter le jour de l'An, on se rend chez les grands-parents Gauthier pour le souper. Cette fois, c'est tout à fait différent. Il y a d'abord moins de monde : l'oncle Raoul avec ses quatre enfants, l'oncle Eudore avec ses cinq enfants, et la famille de Louis-Ovide et Eugénie qui en compte cinq, pour un total de quatorze cousins et cousines. Chez les grands-parents Gauthier, les cadeaux prennent moins d'im-portance et demeurent plus modestes. Mais il faut voir, cette fois, le luxe de la table ! Pour le décrire, il faut se représenter un buffet dans un de nos plus grands restaurants : l'abon-dance des victuailles, les mets raffinés, la décoration de la table, les pièces montées, l'argenterie… c'est le luxe et la sura-bondance ! Deux bonnes assurent le service; l'une d'elles est employée en permanence à la maison, tandis que l'autre est engagée les jours de réception. C'est l'occasion de profiter, dans une tout autre atmosphère, d'un repas comme on a rare-ment l'occasion d'en déguster.

À la fin de cette soirée qui termine une journée des plus actives et animées, c'est le retour à la maison où les enfants, la tête encore pleine d'images fabuleuses, tombent de fatigue et de sommeil.

Sur le chemin de l'école

Toute dorée qu'elle soit, l'enfance n'est pas exempte de moments sérieux. Il faut tout de même, un jour ou l'autre, aller à l'école ! Et celle-ci peut même faire partie des souvenirs heureux.

De la maison de la rue Saint-Joseph, on n'a que quelques pas à faire pour atteindre soit l'école des Frères, pour les garçons, au coin de la rue Caron, soit l'école Jacques-Cartier des Dames de la Congrégation, pour les filles, sur le boulevard Langelier. Lucienne se souvient avoir fréquenté cette école, en compagnie de Gaby (Gabrielle), jusque vers l'âge de dix ans. Jusqu'au moment où une petite amie rencontrée l'été à Everell l'enchante par les récits de sa vie de pensionnaire au couvent Notre-Dame, de Lévis; il n'en faut pas plus pour que Lucienne se mette à rêver du pensionnat et à tourmenter ses parents pour y aller. Elle obtient finalement gain de cause et se retrouve inscrite comme pensionnaire à Lévis… en compagnie de son inséparable Gabrielle qui n'a jamais exprimé un tel désir et ne veut pas du tout y aller.

Lucienne aime et apprécie au plus haut point sa nouvelle vie; mais Gaby, pas du tout. En l'espace de deux mois, son père Louis-Ovide vient la chercher trois fois pour la sortir et la distraire quelques jours; mais rien n'y fait. Finalement, on la retire du pensionnat, tandis que Lucienne y reste avec plaisir. Pour la première fois, les deux sœurs sont séparées. De toute façon, Gabrielle, frêle et sujette très jeune à de fréquentes migraines, fera presque toutes ses études en cours privés, à la maison.

Deux années scolaires passent ainsi, puis un autre trimestre d'automne. Mais à l'approche des Fêtes de 1921,

Lucienne, à sa grande surprise, entend sa mère annoncer aux religieuses que la fillette ne reviendra pas au pensionnat en janvier suivant. C'est la stupéfaction, car elle en ignore la raison. C'est seulement à son arrivée à la maison qu'on lui apprend que son père est gravement malade et qu'il vaut mieux maintenant qu'elle reste chez elle. Lucienne a alors douze ans. Elle continuera donc son cours chez les mêmes religieuses, les Sœurs de la Charité, mais comme externe à l'Académie Saint-Jean-Baptiste, dans le quartier du même nom, à la haute-ville de Québec. Elle ne s'y révèle pas très studieuse et avouera plus tard avoir souvent négligé ses devoirs...

Quand un père meurt...

Les événements historiques influent souvent sur le parcours de vie de façon imprévisible. La maladie qui affecte Louis-Ovide et modifie le cheminement scolaire de Lucienne, en cette fin d'année 1921, trouve son explication dans la période qui a précédé. Selon les souvenirs retracés par Lucienne à la fin de sa vie, la dégradation de l'état de santé de son père est reliée à la grippe espagnole survenue quelques années plus tôt.

On se rappelle, en effet, la terrible épidémie d'influenza de 1918 qui a touché plus de 500 millions de personnes en Europe et en Amérique et qui a fait son apparition à Québec en octobre de la même année. Il faut dire que les guerres sont propices à l'éclosion des maladies contagieuses en raison des déplacements de population qu'elles provoquent. L'épidémie s'est introduite à Québec par le port pour connaître une progression fulgurante et foudroyante entre les 10 et 20 octobre, causant jusqu'à quarante décès par jour dans la ville. L'ensemble de l'agglomération fut touchée, les hôpitaux furent débordés, à tel point que les communautés religieuses durent prendre en main les secours et ouvrir des hôpitaux temporaires jusque dans leurs écoles. Toutes les personnes susceptibles d'aider furent mises à contribution : étudiants en médecine, infirmières bénévoles, etc. (Dagneau, p. 174-175) On devine sans peine la tâche surhumaine qui attendait un médecin, particulièrement à la basse-ville de Québec où la pauvreté et les mauvaises conditions d'hygiène d'alors favorisaient la propagation de la maladie. Louis-Ovide, touché par la gravité de la situation, était sur un pied d'alerte et se dévouait sans relâche pour les victimes de la grippe. L'ampleur de l'épidémie, qui semait la panique et la désolation, exigeait de lui un travail incessant auprès des malades, la nuit comme le jour, à tel point qu'il s'épuisa. S'il ne fut pas lui-même atteint de la grippe espagnole, il ne put résister à une maladie cardio-rénale qui l'affectait déjà et qui s'aggrava à ce moment. Son état de santé, en fait, ne lui permettait pas un effort aussi exténuant, mais il ne pouvait résister aux besoins de ses malades et il en paiera le prix.

Le 20 mai 1922, Louis-Ovide s'éteignait, le lendemain du treizième anniversaire de naissance de Lucienne. Il laissait Eugénie seule avec cinq enfants. Si l'aîné, Charles-Auguste, était déjà âgé de vingt-deux ans, le benjamin, Clément, n'avait que cinq ans; celui-ci aura donc très peu connu son père et gardera beaucoup moins de souvenirs que ses frères et sœurs de l'impact de la mort du père sur la suite de l'histoire familiale.

Maman Eugénie dut faire face à une grande incertitude. Un médecin qui mourait, à cette époque, ne laissait pas de fonds de pension; bien au contraire, comme il n'existait encore aucune assurance-maladie, c'était au médecin de facturer ses soins à chacun des malades et de percevoir les paiements par la suite. Eugénie hérita ainsi d'un important carnet de comptes, puisque Louis-Ovide avait semblé plus enclin à visiter ses malades pour les soigner que pour réclamer son dû. Il avait eu beaucoup de clients, mais peu avaient payé. Eugénie engagea donc un homme d'affaires pour recouvrer les créances. Mais après quelque temps, il fallut se rendre à l'évidence que cet homme coûtait plus cher que ce qu'il parvenait à récupérer : en effet, les anciens patients, maintenant guéris et voyant que, de toute façon, le docteur était mort, ne se sentaient pas tenus de payer leurs dettes. Il fallut finalement se résigner à abandonner la partie.

Heureusement toutefois qu'il restait l'entreprise Gauthier & Frère : Eugénie héritait de la part de Louis-Ovide, devenu lui-même actionnaire majoritaire de la compagnie à la mort de son père. La compagnie continuait toujours ses activités sous la gouverne de l'autre frère fondateur. Si Louis-Ovide n'avait pas participé lui-même aux activités, en raison de ses obligations de médecin, son frère Eudore était à l'emploi de la compagnie, auprès de son oncle, depuis la mort de leur père. Maintenant, grâce à sa participation comme actionnaire de cette entreprise familiale, Eugénie jouissait de certains gains. Elle s'ingénia donc à conserver à ses enfants une vie en apparence inchangée, malgré des revenus grandement diminués.

Pendant deux ans encore après la mort de Louis-Ovide, la famille continua d'occuper la grande maison de la rue Saint-Joseph. Mais Eugénie trouvait trop dispendieuse cette résidence avec ses trois étages et son bureau au rez-de-chaussée. Elle se mit donc en quête d'un nouveau logement. Ses recherches l'amenèrent à rencontrer un propriétaire qui lui offrit un appartement dans le quartier Saint-Jean-Baptiste, à la haute-ville, pour un an seulement car il se proposait de l'occuper lui-même par la suite. Eugénie décida d'accepter, jugeant que cette année lui laisserait le temps de réfléchir et d'évaluer sa situation financière. On déménagea donc les pénates de la famille, pour la première fois de son histoire, pour les installer rue d'Aiguillon, derrière l'église Saint-Jean-Baptiste. Lucienne avait quinze ans, et comme elle étudiait toujours à l'Académie Saint-Jean-Baptiste, le changement s'avérait pratique pour elle.

Au cours de l'année, Eugénie chercha encore un autre logis. Cette fois, un autre propriétaire qui passait l'été à Everell en leur compagnie lui proposa la solution : il avait un logement à louer rue Saint-Cyrille (aujourd'hui René-

Lévesque), près de l'avenue De Salaberry. Eugénie accepta à nouveau et s'y établit avec ses cinq enfants pour plusieurs années. C'était un bel appartement, et les enfants en furent contents malgré les grands changements qui survenaient dans leur vie.

À peu près au même moment, Lucienne convainquit sa mère qu'il lui serait plus profitable d'étudier l'anglais que de poursuivre des études en vue de l'obtention d'un diplôme universitaire; elle quitta alors l'Académie Saint-Jean-Baptiste pour six mois de classe anglaise.

Et, l'été venu, comme depuis toujours, on continuait d'aller s'évader à Everell, de profiter de la campagne avec ses activités de tennis, de chaloupe et de baignade.

Quand le sort s'acharne

Au vide laissé par la mort du père succédèrent d'autres drames enchaînés les uns aux autres. Tous font ressortir, avec le recul, le courage d'une mère qui a fait face à l'adversité avec une ténacité exemplaire, qui a tout fait pour protéger sa nichée des désillusions et des pertes qui les affligeaient.

On voit poindre les difficultés qui affecteront, vers 1925, l'entreprise Gauthier & Frère ; comment, peu à peu, il faudra que les actionnaires décident de vendre la compagnie ; comment Eugénie, qui se faisait représenter, sans participer personnellement aux réunions, se faisait rassurer par les hommes d'affaires. Que se passa-t-il exactement ? Difficile de le dire… Affaires et famille ne font pas toujours bon ménage ! Mais seul compte le résultat final : la compagnie fut finalement vendue. Tandis qu'Eudore devenait le premier homme d'affaires du nouveau propriétaire, du nom de Juneau, Eugénie se retrouva dépouillée de tout, « le derrière sur la paille », dira Lucienne qui ne peut s'empêcher d'ajouter : « Quand on n'a plus d'homme pour nous défendre… ».

Il fallut affronter l'avenir les mains vides, avec l'angoisse omniprésente, car à cette époque, d'ajouter Lucienne, « quand on n'avait rien, on n'avait vraiment rien ! ». Oublions toute forme d'aide sociale qu'on peut connaître en l'an 2000 : en 1925, rien de cela n'existait.

À ce nouveau revers de fortune, s'ajoutait un autre héritage négatif. De son vivant, il était souvent arrivé à Louis-Ovide d'aider son frère Eudore, ou, plus exactement, de signer pour lui des billets d'emprunt. Le scénario était sensiblement toujours le même : lors des visites dominicales d'Eudore, après la tasse de café, les deux frères se retiraient dans le bureau où Louis-Ovide recevait régulièrement des demandes pour signer des billets; malgré les mises en garde d'Eugénie, il ne savait pas refuser son aide à ce frère un peu frivole. Avec la disparition de Louis-Ovide, c'est Eugénie qui se retrouva responsable des dettes de son beau-frère.

Et s'il n'y avait eu que les déboires financiers… Mais la vie continuait avec ses multiples coups du destin qui frappent souvent sans crier gare. Vers la même époque, alors que Charles-Auguste avait quitté la maison pour se spécialiser en neurologie, Jean-Paul suivait un parcours différent. Après des études en comptabilité, abandonnées en cours de route, et quelques difficultés à se trouver un travail stable, il était finalement entré au Château Frontenac où il occupait une bonne situation. Il était fiancé et l'avenir lui semblait prometteur. C'est alors qu'il tomba gravement malade, en proie à de violents maux de tête; et au grand désespoir de sa famille, il fut brutalement emporté par une méningite, à l'âge de vingt-trois ans. Une peine immense accabla ses proches, inconsolables de la perte de ce fils tant aimé, de ce frère si attachant. Cette cruelle épreuve ajoutait à l'affliction déjà présente en ces temps difficiles. Malgré tout, il fallait faire face, accepter.

De plus, comble de malheur, la fiancée de Jean-Paul était enceinte de lui au moment du décès. La famille Gauthier s'apprêta à la soutenir et à accueillir ce petit qui leur rappellerait Jean-Paul; mais le destin en décida autrement. Un prétendant, intéressé par la fiancée, lui offrit sa main et la paternité pour son enfant à venir, moyennant une coupure complète avec les Gauthier; il offrait une nouvelle famille à l'enfant, la seule qui compterait. Ainsi, le petit garçon naîtra en ignorant toujours tout de sa famille biologique; celle-ci, malgré son désir, n'aura aucun contact avec lui. Lucienne se souvient l'avoir vu une fois, devant sa porte, dans le voisinage de l'avenue Cartier; lorsqu'elle traversa la rue pour l'observer de plus près, une main le tira à l'intérieur. C'était un bel enfant, ce cousin que nous n'avons jamais connu et qui ne sait rien de la branche familiale dont il est issu.

Une nouvelle vie

Ainsi, l'année noire de 1925 aura vu défiler le déménagement rue Saint-Cyrille, la vente de Gauthier & Frère et la
mort de Jean-Paul. La famille ébranlée dut s'inventer une
nouvelle dynamique sur des assises affaiblies. Les ressources
étaient insuffisantes et, avec le décès de Jean-Paul, disparais-
sait également un apport financier. En juillet 1926, période de
vacances scolaires, Eugénie dut se résigner à la seule solution
réaliste : demander aux filles d'aller sur le marché du travail.

Lucienne et Gabrielle avaient respectivement dix-sept et
dix-huit ans. Ce fut pour elles le début d'une nouvelle vie.
Adieu les études, il fallait pourvoir aux besoins de la famille et
assurer l'éducation de Clément; car, si on pouvait envisager
l'abandon des études pour une fille, il n'en était pas question
pour un garçon. Par chance, côté emploi, une occasion se présenta assez rapidement : une cousine d'Eugénie travaillait
depuis deux ans à l'entrepôt de la Commission des liqueurs,
ancienne dénomination de la Société des alcools du Québec, à
la basse-ville de Québec; c'était un commerce de gros qui
vendait l'alcool aux magasins, peu nombreux à l'époque. La
cousine annonça à Eugénie qu'elle quittait son emploi pour se
marier; le poste serait donc vacant. Il s'agissait là d'une
occasion fort intéressante. Eugénie décida alors d'accompagner Lucienne à l'entrepôt de la Commission; elle en connaissait d'ailleurs le président, un certain monsieur Drouin. Il
faut dire, en passant, qu'Eugénie possédait un bon réseau de
connaissances, ce qui aida la famille en ces temps de difficultés financières. C'est ainsi que Lucienne fut elle aussi engagée
à la Commission des liqueurs, au service de la « malle » : elle
exécutait les commandes reçues par courrier des différents

magasins et clients des régions du Québec, comme la Gaspésie et la Côte-Nord. C'était une bonne situation qu'elle gardera jusqu'à l'âge de trente ans.

Peu de temps après, Gabrielle entra au Parlement du Québec, au service de la démographie où on enregistrait les naissances et les décès de la province. Elle y restera jusqu'à sa retraite. Eugénie aussi apportait des revenus au foyer : elle obtint du travail de la division du cadastre du Québec; elle allait chercher le travail à faire au Parlement et l'apportait à la maison. Il s'agissait pour elle de faire de l'écriture à la main : transcrire au propre, dans des registres, les données concernant les lots cadastrés de la province. Quant à Charles-Auguste, ses études en médecine à l'étranger l'ont éloigné de la maison pour quelques années.

C'est donc grâce à l'effort concerté de la gent féminine que la famille connut une vie stable et régulière. Lucienne n'aura de cesse de répéter, à la fin de sa vie, à quel point leur mère a été courageuse malgré une situation financière compliquée et une série de périodes très difficiles. Elle dégageait, au milieu de la tourmente, une image de sérénité alliée à une grande force de caractère, ne se permettant jamais d'avoir l'air triste, abattue, inquiète ou malheureuse.

Pour les filles, la vie de jeunesse avait complètement changé avec l'entrée sur le marché du travail. Finies les préoccupations scolaires et les contacts avec le milieu étudiant. En quittant les études, elles perdirent également leurs compagnes. En effet, aux yeux de plusieurs amies, le fait de travailler excluait Gabrielle et Lucienne de leur groupe : cela les plaçait dans une classe sociale différente, car il n'y avait, à l'époque, que les « pauvres filles » qui travaillaient, et certaines ne se gênaient pas pour le leur dire… Toutes les amies qu'elles avaient eues jusqu'à ce jour disparurent, plusieurs par choix, d'autres en raison de circonstances incontrôlables; par exemple, les Dumontier déménagèrent à Montréal. Il fallut, à Gaby et à Lucienne, se construire un nouveau réseau social. Pourtant, confiera Lucienne plus tard, un tel état de choses ne l'a pas beaucoup affectée; elle se disait qu'il était normal qu'ayant changé de vie et faisant autre chose que ses anciennes amies, celles-ci ne soient plus là... Avait-elle déjà à cet âge cette capacité d'acceptation qu'on lui a connue toute sa vie, ou cette réflexion lui est-elle venue avec le recul des années ?

Ainsi, une nouvelle forme de vie s'organisa, rythmée par les journées de travail. Lucienne faisait un bon salaire, le triple de celui de certaines amies secrétaires. Elle s'attacha donc à cet emploi, avec une grande souplesse d'adaptation, malgré certaines difficultés à aller travailler à la basse-ville. Elle se sentait responsable de sa mère et ne pouvait se résigner à quitter son emploi, même à l'âge de vingt et un ans alors que son « cavalier », Franco, la demanda en mariage. Malgré ses sentiments, elle déclina l'offre et rompit avec lui, ne pouvant abandonner sa mère avec Clément encore jeune. Mais elle confie avoir pensé longtemps à cet ami cher...

C'est seulement plusieurs années plus tard, à l'âge de trente ans, qu'elle acceptera de se marier avec Jacques Bastien, après trois ans de fréquentations. Mais ceci est une autre histoire...

Petit Clément deviendra grand

Pendant ce temps, entre le calme et la tourmente, un enfant grandissait, innocent et inconscient des drames, grands et petits, qui se jouaient autour de lui.

Que retiendra-t-il de la rue Saint-Joseph et de la grande maison qu'il a quittées à l'âge de sept ans; du temps où il recevait avec ses grands frères et grandes sœurs la bénédiction paternelle du jour de l'An avant d'aller célébrer chez les grands-parents? On peut penser qu'il apporta au moins avec lui les images de son entrée au jardin d'enfants à l'école Jacques-Cartier du boulevard Langelier, classe préparatoire au primaire pour les tout-petits. À cette époque, Gabrielle, adolescente, ne fréquentait pas l'école régulière en raison d'une santé trop fragile; elle suivait plutôt un cours privé à la maison, ce qui la laissait assez libre de son temps. Elle avait donc reçu la mission d'accompagner Clément à l'école et d'aller l'y quérir à la fin de sa journée. Cependant, la tâche ne s'avérait pas toujours facile, non pas en raison de la distance, puisqu'ils habitaient à proximité du boulevard, mais parce que l'enfant était fort réticent à entrer à l'école. Il est arrivé plusieurs fois à Gaby de ne pas réussir à l'y laisser et de le ramener à la maison. Elle avait fort à faire pour le convaincre d'entrer, en lui promettant de revenir le chercher. Sans doute le garçonnet a-t-il gardé de ces épisodes le souvenir de tragédies comme on les vit à cet âge, au moment des premières séparations…

Pour les grandes sœurs, Clément était le petit frère chéri, le petit dernier qu'elles entouraient de beaucoup d'affection et d'attention. Avec ses cheveux clairs et bouclés, portés assez longs, jusqu'au bas des oreilles, son visage dégageait une grande beauté et une grande douceur, peu importe sa tenue, comme on peut l'observer sur différentes photos : tantôt gamin, en salopette et mocassins, s'amusant à porter une grande casquette de travers; tantôt bien sagement vêtu d'un pantalon court touchant à peine le genou, boutonné à la taille sur une chemisette de coton décorée d'un ruban au cou, le tout complété par des « bas golf » et des souliers de cuir lacés. Tandis que les années passaient et que Clément grandissait en suivant son cours primaire à l'école Saint-Louis-de-Gonzague, près du carré d'Youville, Gaby et Lucienne s'attristaient qu'il ne connaisse pas une enfance aussi belle que la leur. Elles auraient aimé qu'il profite de la même aisance et de l'abondance qu'elles avaient connues. Clément, pour sa part, en a gardé peu de souvenirs; il grandissait autrement, dans des conditions différentes auxquelles il s'adaptait tout naturellement. Il n'avait pas conscience de la baisse du niveau de vie, comme ses frères et sœurs plus âgés. Il ne partageait pas avec eux cette nostalgie du temps passé.

Pour l'heure, Clément était écolier. À l'âge du secondaire, il entra au cours classique au Petit Séminaire de Québec. De la rue Saint-Cyrille, le trajet se faisait facilement à pied. Par ailleurs, près de chez lui habitaient deux compagnons, fils de l'avocat Sirois, qui fréquentaient aussi le Petit Séminaire et qu'un chauffeur venait chercher matin et soir; ils offrirent à Clément de partager leur mode de transport. Ils devinrent amis et voyagèrent souvent ensemble de cette façon durant les huit années du cours classique.

On sait également que la famille continua longtemps à passer l'été à Everell. Clément y gambadait déjà pieds nus vers l'âge de quatre ans. De ces vacances, il nous parlera beaucoup : des activités au bord de l'eau, des parties de tennis, de la nature. Est-ce de là que lui viendra cet amour du fleuve qui l'habitera toute sa vie? Du Saint-Laurent dont il cherchera toujours le contact : jeune homme, en faisant de la voile avec son ami, le peintre Anthony Law; plus tard, en fréquentant avec ses enfants ses eaux de baignade tant qu'elles seront accessibles, à la plage de l'anse au Foulon de Sillery, ou à la plage Garneau de Saint-Romuald; en érigeant sa maison familiale sur le cap, à Lévis, dans les années 1960; en prenant ses vacances sur les rives du Saint-Laurent toute sa vie, à Saint-Joseph-de-la-Rive, vers 1946, mais aussi à Notre-Dame-du-Portage, Port-au-Persil, et ailleurs encore le long de l'estuaire; et même à la retraite, en allant habiter le long d'un de ses bras, la rivière des Prairies. Ce dont on est certain, c'est que l'appel du fleuve a toujours habité Clément; lui qui, peu bavard sur l'ensemble de sa vie, a tellement rappelé ses vacances à Everell. C'est là que prenait racine sa collection de souvenirs d'enfance.

Une autre activité de jeunesse occupa une place importante : au Séminaire, parallèlement aux études, existait le CÉOC, Corps-école des officiers canadiens (COTC, Canadian Officers' Training Corps) que dirigeait le major Curmi, chargé de dispenser un entraînement militaire. Clément s'y inscrivit comme plusieurs autres étudiants et y reçut une formation qui lui permettra d'obtenir un grade d'officier. À la fin de son cours classique, en 1938, il souhaita étudier la chimie agricole et commença ses études au collège MacDonald, à Montréal. Mais en 1939 survint la Seconde Guerre mondiale qui, comme on le verra plus loin, fera prendre à sa vie un tournant définitif, en raison notamment de cette formation d'officier déjà acquise...

DEUXIÈME PARTIE

DU CÔTÉ DES MOLLEUR

Les Molleur dit Lallemand

Molleur… Voilà un nom peu répandu au Québec et qui en intrigue plus d'un. Pourtant, il y est présent depuis fort longtemps, soit depuis l'arrivée du premier ancêtre en Nouvelle-France.

En effet, Pierre Molleur, le premier d'une longue lignée, a mis le pied à Québec dès 1670. D'origine allemande, né aux alentours de 1631, on le mentionne d'abord dans certains ouvrages sous le nom de « Moëhler », « Müiller » ou « Müller ». Chose certaine, on le retrouve sous le nom de « Molleur » dans les plus anciens documents de la colonie. Son lieu de naissance est également marqué d'incertitude; la plupart des historiens et généalogistes, se fiant au certificat de mariage religieux à Québec, s'accordent pour le situer à Escalis (ou Sralissa), en Allemagne, ville aujourd'hui disparue des cartes géographiques, sise à 125 km à l'ouest de Munich, dans la région du Rhin; par contre, le contrat de mariage établi par le notaire Becquet mentionne comme lieu de naissance Skalika, aujourd'hui située sur la frontière entre la Slovaquie et la République tchèque. Il faut dire que les problèmes d'orthographe sont très fréquents dans les documents anciens, à une époque où ils peuvent difficilement être vérifiés et où les noms sont souvent transmis au son, ce qui fait que le patronyme de notre ancêtre se retrouve sous une douzaine de variantes dans les archives de la Nouvelle-France : Moler, Molere, Molaire, Mouleur, Molle, Mole, Muller, Mueller, Mauler et même Meseray, ce qui n'a plus aucun rapport... En outre, très tôt les habitants du pays lui attribuèrent le surnom de « Lallemand »; on retrouve donc plusieurs générations sous le patronyme « Molleur dit Lallemand ».

Selon l'auteure Juliette Molleur Chevalier, Pierre Molleur, d'origine allemande, se serait engagé, comme plusieurs de ses compatriotes, pour combattre au côté des Français dans le régiment de Carignan-Salières, alors très actif en Europe contre les envahisseurs ottomans (Molleur Chevalier, p. 7). Au sein du régiment, le capitaine Olivier Morel de La Durantaye avait déjà participé aux opérations du régiment de Carignan-Salières au Canada, entre 1665 et 1668; de retour en France, il leva une nouvelle compagnie de cinquante hommes, dans laquelle se trouvait Pierre Molleur, et arriva à leur tête à Québec en août 1670. Dès 1671, Pierre Molleur épousait Jeanne Quenneville en l'église Notre-Dame-de-Québec. L'époux avait d'abord dû renoncer à sa foi luthérienne et se convertir au catholicisme, car seuls les catholiques étaient admis en Nouvelle-France; cette politique établie par le roi de France avait pour but d'éviter les problèmes de guerre de religions tels qu'on les connaissait en Europe. Si on n'a pas de détails précis sur le moment de son baptême, des documents de l'Archevêché de Québec mentionnent sa confirmation par Mgr de Laval, le 4 août 1681, à Beaumont.

Sa nouvelle épouse, pour sa part, faisait partie d'un des contingents de filles du roi envoyées en Nouvelle-France par le roi Louis XIV et son ministre Colbert comme filles à marier; car une des grandes préoccupations du roi était de peupler la colonie. Non seulement fallait-il y envoyer des colons et des soldats, mais il fallait également les inciter à s'y établir et à fonder une famille; on devait faire en sorte de garder en Nouvelle-France les soldats démobilisés plutôt que de les voir revenir en France. Voilà pourquoi le roi « embauchait » des femmes célibataires, âgées de douze à quarante-cinq ans environ, recrutées dans divers milieux; si certaines étaient issues de milieux aisés, un bon nombre d'entre elles provenaient de la Salpêtrière, un refuge parisien qui recueillait des femmes ou des filles orphelines ou abandonnées, les éduquait et leur donnait une solide formation religieuse. Entre 1663 et 1673, environ sept cent soixante-dix filles du roi sont arrivées en Nouvelle-France (selon Sylvio Dumas et Yves Landry). Elles arrivaient à bord des navires marchands de la Compagnie des Indes occidentales ou de divers autres armateurs; le roi payait le voyage de ses protégées en plus de leur donner une dot de cinquante ou cent livres, selon le cas. Et contrairement à certains préjugés, les filles du roi n'étaient pas des filles de joie; elles étaient prises en charge, au frais du roi, dès leur arrivée en Nouvelle-France, par des familles sérieuses ou parfois, semble-t-il, par des religieuses, et ce, jusqu'à leur mariage. Colbert prit des mesures pour marier ces filles le plus tôt possible, forçant même les soldats licenciés et les volontaires à se marier dans les quinze jours après l'arrivée du bateau sous peine de perdre leurs droits de traite et de chasse, de même que les « honneurs » de l'Église. La plupart des filles trouvaient donc rapidement un épouseur. Jeanne Quenneville (dont le nom est aussi écrit Gueneville, Guenneville ou Queneville) est arrivée avec le contingent de 1671. Ce groupe de 120 filles, parti de Dieppe sur *Le Saint-Jean-Baptiste* vers la fin de juin, aurait gagné Québec vers le 15 août (Landry, p. 126-127). Jeanne épousait Pierre Molleur dit Lallemand le 3 novembre de la même année.

Pour inciter les militaires à s'établir en Nouvelle-France, le roi attribuait également des seigneuries aux officiers. Le capitaine Morel de La Durantaye obtint une seigneurie à l'est de Lévis, en face de l'île d'Orléans. Comme le voulait l'usage, les soldats ou colons s'établissaient sur des terres que leur octroyait leur officier. Pierre Molleur vécut donc à La Durantaye quelques années avant de s'établir finalement à Beaumont. Pierre et Jeanne eurent cinq enfants dont deux seulement sont parvenus à l'âge adulte, Joachim et Michel. La lignée de Joachim a permis de perpétuer la participation des Molleur dit Lallemand à l'histoire de Beaumont durant cent soixante-cinq ans. La route Lallemand, à Lauzon, a été nommée en l'honneur d'un des fils de Pierre Molleur dit Lallemand. Quant à Pierre Molleur lui-même, jouissant encore d'une forte constitution au moment de son veuvage, il s'est remarié à l'âge respectable de quatre-vingt-sept ans… Il est décédé à l'âge de quatre-vingt-dix-huit ans à Beaumont où il a été inhumé.

La lignée qui mène à Marguerite Molleur, dont l'histoire nous intéresse ici, appartient à la branche de Michel Molleur dit Lallemand, par un de ses fils, Jean-Baptiste. Celui-ci décéda à trente-deux ans, laissant un fils encore en bas âge, né de son deuxième mariage et nommé aussi Jean-Baptiste; sa veuve, Josette Tessier, se remaria en 1737 et suivit par la suite son second mari à Contrecœur avec son jeune fils Jean-Baptiste, transplantant ainsi cette branche de Molleur dans la Montérégie, principalement dans la Vallée-du-Richelieu. C'est dans cette région que Jean-Baptiste fils sema une abondante progéniture : quatorze enfants issus de trois mariages, qu'on retrouve ensuite à Contrecœur, Saint-Luc, Laprairie,

Saint-Athanase et Saint-Jean-sur-Richelieu. Parmi ceux-ci figurent Alexandre Molleur, un des ancêtres de Marguerite, ainsi que son frère François dont quatre fils joignirent les rangs des Patriotes en 1837-1838 et subirent l'emprisonnement.

Tous ces Molleur étaient agriculteurs de père en fils, jusqu'à l'un des descendants d'Alexandre Molleur fils, Jacques-Émery Molleur. Homme fort actif à Saint-Jean-sur-Richelieu, intéressé aux affaires et à la politique, Jacques-Émery fut le premier de la lignée à délaisser le métier d'agriculteur. Il fut tour à tour propriétaire d'un magasin général, d'une fabrique de chandelles, d'une manufacture de chapeaux et d'un journal local, *Le Courrier de Saint-Jean*, tout en occupant les fonctions de maire de Saint-Jean durant plusieurs années; il fut de plus candidat conservateur à quelques élections provinciales et fédérales. Une rue de Saint-Jean porte d'ailleurs son nom. Jacques-Émery Molleur était le père de Georges et le grand-père de Marguerite Molleur. Même si cette dernière n'a pas connu Jacques-Émery Molleur vivant, elle a transmis à sa famille plusieurs souvenirs et anecdotes à son sujet.

Un grand-père coloré

Jacques-Émery Molleur, grand-père de Marguerite, est né en 1839 et a manifesté très tôt un vif intérêt pour les affaires. Plus instruit que les générations précédentes qui, de père en fils, apposaient une croix en guise de signature au bas des documents, il délaissa le métier de cultivateur pratiqué par son père et ses ancêtres Molleur pour se lancer dans le commerce. Lors de son mariage, en 1863, alors qu'il n'avait pas encore vingt-quatre ans, on le décrivait déjà comme « commerçant de Saint-Jean ». Ses affaires prospérèrent on ne peut mieux, à voir comment il était mentionné au recensement de 1881 : « négociant de quarante et un ans, il réside toujours à Saint-Jean avec sa femme, ses quatre enfants et trois servantes ».

Sa fabrique de chapeaux de paille, notamment, la St. Johns Straw Hat Company, devenue par la suite la St. Johns Straw Work Company Limited, située rue Richelieu, entre les rues Saint-Charles et Saint-Thomas, aux abords du canal de Chambly, employait un grand nombre d'ouvriers et surtout d'ouvrières aux jours de prospérité : quatre-vingts employés, au recensement de 1891, et entre cent et cent cinquante dans les meilleures années. Marguerite, sa petite-fille, raconte que son grand-père ne fabriquait pas que des chapeaux de paille, à sa manufacture; il y confectionnait également des chapeaux melon ainsi que des chapeaux hauts-de-forme, dits « chapeaux de castor » en raison du feutre très mince et très doux avec lequel ils étaient faits, un tissu fabriqué à partir du duvet de la peau du castor. Chaque année, il se rendait en Angleterre pour choisir des étoffes de première qualité et se renseigner sur les nouvelles formes de chapeaux à la mode. Il lui arrivait même d'être invité à des réceptions à la cour de la reine d'Angleterre, la reine Victoria, où son fils Georges eut la chance de l'accompagner à l'occasion. Jacques-Émery Molleur était un homme chic qui faisait toutes ses visites du dimanche en pantalon rayé et habit à queue, avec son chapeau de castor et sa canne. C'était un riche industriel qui a construit une partie de la ville de Saint-Jean.

C'était également un homme politique ambitieux et virulent, qui avait l'art de se faire des ennemis. Il se présenta quelques fois comme candidat aux élections provinciales. En 1892, la campagne fut particulièrement houleuse entre Jacques-Émery Molleur, candidat conservateur, et Félix-Gabriel Marchand, député libéral durant vingt-cinq ans à l'Assemblée législative et président de ladite assemblée. Marchand gagna de justesse ses élections, mais poursuivit ensuite Molleur pour diffamation; ce dernier fut condamné à cinq cents dollars d'amende pour avoir, à plusieurs reprises, traité le député sortant de voleur. Marchand pouvait compter, par contre, sur la collaboration d'un cousin de Jacques-Émery, Louis Molleur, un ami et allié tant sur le plan politique qu'industriel.

Jacques-Émery Molleur fut élu maire de Saint-Jean une première fois en 1891, mais l'élection fut annulée pour irrégularité. Il fut élu à nouveau en 1899. Il travailla activement à l'amélioration des infrastructures de la ville dans les secteurs de l'alimentation en eau, de la lutte contre les incendies, de la réfection du réseau d'égouts et de l'alimentation électrique à un coût raisonnable.

Ironie du sort, lui qui mena ses campagnes électorales en prônant une meilleure pression d'eau pour lutter contre les incendies subit trois feux à sa manufacture de chapeaux; et ce n'était peut-être pas un effet du hasard… La troisième fois fut fatale à l'entreprise. En effet, le 11 mars 1909, un incendie spectaculaire détruisit de fond en comble la manufacture qui contenait de grandes quantités de paille, d'huile et d'autres matières hautement inflammables, menaçant du coup tout le quartier avoisinant. L'édifice détruit abritait également à l'étage supérieur les bureaux du *Courrier de Saint-Jean*, organe du parti conservateur et propriété de Jacques-Émery Molleur. Mais, comble d'ironie, les pompiers eurent beaucoup de mal à lutter efficacement contre le brasier en raison de la faible pression d'eau; à certains moments, il fallut même creuser des trous dans la glace du canal pour y puiser de l'eau. Finalement, Jacques-Émery ne se releva jamais de cette perte et termina ses jours plutôt pauvre.

Marguerite raconte également qu'il fut victime d'un attentat sous le pont de Saint-Jean. Il ne mourut pas directement de cette agression, mais probablement de ses suites, le 14 octobre 1917. Le conseil municipal adopta une motion le 15 octobre déplorant le décès d'«un de ses plus anciens et estimés citoyens» dont «l'amour du travail a été proverbial»; le journal *La Presse* du même jour souligna : «La ville de Saint-Jean vient de perdre l'un de ses citoyens les plus avantageusement connus dans la personne de Jacques-Émery Molleur» (Dionne, p. 45-46).

Georges et Aurore

Jacques-Émery Molleur eut quatre enfants de sa première épouse, Émilie Cartier. L'aînée, Joséphine, fut longtemps fille unique puisqu'il fallut une douzaine d'années avant
que naissent les trois autres, trois garçons assez rapprochés.
Georges, l'un des fils, n'avait pas encore quatre ans lorsque sa
mère décéda, en 1881, à l'âge de trente-neuf ans; ses frères,
Charles et Alfred, étaient âgés respectivement de cinq ans et
de dix mois. La mort de sa mère valut à Georges un séjour à
l'orphelinat dès l'âge de trois ans et demi; c'est du moins ce
qu'il a raconté à Marguerite bien longtemps après. Y
séjourna-t-il en compagnie de ses frères ? Pendant combien de
temps ? Ces questions demeurent sans réponse.

Quelques années plus tard, en 1884, Jacques-Émery
s'unit à une nouvelle épouse, Marie-Élisabeth Doré. La maisonnée, installée dans une luxueuse propriété sur les rives du
Richelieu, ne comptait plus que les trois garçons puisque
Joséphine était déjà mariée. La nouvelle tâche de mère de
famille apparut rapidement trop exigeante pour Élisabeth, ce
qui prolongea le séjour de Georges à l'orphelinat. Mais avec
le temps, il finit par réintégrer le foyer familial; plus tard, il
poursuivit ses études au Collège Sainte-Marie de Montréal,
dirigé par les Jésuites; suivront ensuite des études en droit à
l'Université Laval à Montréal, ancêtre de l'Université de
Montréal.

Durant sa jeunesse, Georges eut la chance d'accompagner
son père Jacques-Émery lors de certains de ses voyages
d'affaires en Angleterre et d'être reçu avec lui à la cour de la
reine. Admis au Barreau en 1901, à l'âge de vingt-quatre ans,
il ouvrit aussitôt son bureau d'avocat à Saint-Jean-sur-

Richelieu, au 5 rue Saint-Charles, tout près de la manufacture de chapeaux de son père. Toutefois, Jacques-Émery, alors maire de Saint-Jean, voyait d'un mauvais œil que son fils pratique dans la ville où lui-même faisait de la politique. C'est pourquoi Georges quitta Saint-Jean pour Montréal où il fut engagé au contentieux du Canadien Pacifique comme enquêteur au service des accidents ferroviaires; il y demeura vingt-sept ans.

À quel moment exactement rencontra-t-il la jeune Aurore Demers, de Montréal? Selon Marguerite, ils se sont connus à Cacouna, village de villégiature du Bas-Saint-Laurent, où tous deux passaient l'été, comme beaucoup de familles aisées de l'époque; car Aurore venait aussi d'un milieu aisé. Son père, Louis-Avila Demers, médecin, connut une carrière fort active, tour à tour comme professeur à la faculté de médecine de l'Université Laval à Montréal, et à l'Hôtel-Dieu de Montréal où il fut titulaire de la chaire de pathologie interne entre 1892 et 1899; il y fut nommé professeur agrégé. Sa carrière, ponctuée d'études à Paris et de publications scientifiques, le mena finalement à l'Hôpital Notre-Dame comme chef du service de médecine entre 1899 et 1907. Il occupa simultanément d'autres fonctions tout en tenant toujours un bureau privé jusqu'à son décès, en 1908.

L'épouse de Louis-Avila Demers, Élisa (ou Éliza) Poupart, était la fille d'un important contracteur de Montréal, Joseph Poupart, qui construisit tout un quadrilatère dans l'est de Montréal, dans le secteur des rues Poupart, Fullum et Adam; ces deux dernières rues portent d'ailleurs les noms de famille des deux grands-mères d'Aurore, la mère et la belle-mère de Joseph Poupart.

Quant à nos amoureux, Georges Molleur et Aurore Demers, ils étaient encore jeunes et pas tout à fait prêts à se marier en raison de la faiblesse de leurs économies. Mais le docteur Louis-Avila Demers, qui n'appréciait pas les longues fréquentations et veillait d'un œil sévère sur sa fille, somma le prétendant de marier Aurore ou de la laisser... Sous l'effet de cette pression, le couple décida de se marier immédiatement et convola en justes noces à l'église Saint-Jacques de Montréal, le 29 janvier 1903. Fait inusité et inexpliqué, Jacques-Émery n'assista pas au mariage de son fils...

Autres faits particuliers à signaler : Georges, baptisé Georges-Louis-Alphonse, ajouta Olivier à ses prénoms et se fit connaître plutôt sous le nom d'Olivier-Georges Molleur. Quant à Aurore, baptisée Marie-Mélanie-Aurore, elle ajouta Eustelle à ses prénoms, de sorte qu'on la retrouve souvent sous le nom d'Aurore-Eustelle Demers dans les documents.

Georges et Aurore, nouveaux mariés, continuèrent d'être reçus à la somptueuse résidence de Saint-Jean. La belle-mère, Élisabeth, offrait à Aurore des cadeaux de luxe et des fourrures même si la jeune femme n'avait pas beaucoup d'occasions de les porter. Jacques-Émery et Élisabeth avaient un faible certain pour le grand chic. Les deux jeunes, pour leur part, appréciaient l'environnement fourni par la proximité du Richelieu qui bordait la propriété. Georges, très porté vers la nature et les activités nautiques, entraînait parfois son épouse en canot sur la rivière, comme il avait toujours eu l'habitude de le faire; c'est là qu'un jour tous deux frôlèrent la noyade après avoir chaviré dans les rapides. À partir de ce jour, semble-t-il, Aurore ne remit plus jamais les pieds à l'eau...

Puis vint Marguerite...

Les deux années suivant leur mariage, Georges et Aurore accueillirent dans la famille deux nouvelles frimousses : Gérald, en 1904, et Georgette, en 1905. Trois ans plus tard, ce fut au tour de Germaine, bientôt suivie de Gaston; ce dernier mourut cependant d'une rougeole à l'âge d'un an et demi. En 1914, naquit un autre garçon, Jacques, qui connaîtra une vie encore plus courte et décédera trois mois plus tard.

Finalement, le 1er avril 1918, comme un bon tour ou un poisson d'avril, arriva, un mois et demi avant terme, la minuscule Marguerite; si petite qu'on la coucha dans une boîte à chaussures, dans de la ouate, et qu'on l'installa sur la porte ouverte du four pour la garder à la chaleur. Comme les cinq autres, elle est née à la maison; c'est Georges qui appliquait le tampon de chloroforme au bon moment pour endormir Aurore lors de la « délivrance », tandis qu'un oncle, médecin de la famille, assistait la jeune mère. Marguerite fut baptisée quatre jours plus tard dans sa paroisse natale de Saint-Georges, à Montréal, quartier à proximité des usines Angus, se souvient-elle; la famille habitait alors au 2518 de l'avenue du Parc, dans les appartements Patricia, non loin de la rue Bernard.

Fort heureusement, l'été se passait à la campagne. Dès le mois de mai, Aurore, Georges et les enfants louaient une maison de ferme à Sainte-Rose, à peu de distance de la rivière des Mille Îles qu'ils pouvaient rejoindre à pied. Le fermier leur cédait sa maison et occupait une dépendance pendant cette période; en face de chez eux, habitait la famille du peintre Marc-Aurèle Fortin. Sainte-Rose fut leur lieu de vacances dans la nature durant les huit ou neuf premières années de vie de Marguerite, bien avant que le chemin devant la maison ne fût élargi pour devenir le boulevard Curé-Labelle. Georges, fervent amant de la nature, y cultivait dans un immense potager fleurs, légumes et, surtout, son tabac canadien; car il était aussi un grand fumeur de pipe… Très tôt le matin, parfois dès cinq heures, il travaillait au jardin avant de prendre l'autobus de sept heures pour aller travailler au centre-ville de Montréal. Le soir, après le souper, il sortait ses agrès de pêche ou allait se promener en voilier sur la rivière des Mille Îles. C'était un grand sportif qui avait toujours pratiqué plusieurs sports de plein air : course en patin, saut de barils, ski alpin (au mont Royal), tennis, crosse (au collège des Jésuites), canot, voile, natation, pêche, et même chasse au gibier à plumes ou au gros gibier, accompagné d'un chien dressé pour la chasse.

Bref, c'est dès son plus jeune âge que Marguerite (une fois sortie du four…) commença à respirer l'air de la campagne. Au fil des années, elle y fit ses premiers pas, puis s'amusa dans la nature en compagnie de son chien Mousse ou de ses poupées. Mais la petite dernière suivait de bien loin son frère et ses sœurs. Qui plus est, Germaine, de dix ans son aînée, mourut à son tour quand Marguerite n'avait que quatre ans; de sorte que la benjamine, née la sixième, n'avait plus dans sa fratrie que Gérald et Georgette qui la précédaient de quatroze et treize ans. Née dans la ouate, elle sera donc également élevée dans la ouate, toujours entourée d'adultes. Elle n'avait pas d'amis de son âge, hormis une petite voisine, et devait accompagner Gérald et Georgette partout où ils allaient, que ce soit au tennis ou ailleurs. Ses souvenirs de vacances à Sainte-Rose sont donc faciles à résumer : elle s'y est beaucoup ennuyée… De plus, comme sa mère était très affectée par la perte de trois enfants en 11 ans, notamment par celle de

Germaine, décédée en 1922 à l'âge de quatorze ans, la vie à la maison était plutôt triste. Néanmoins, c'est avec un brin d'attendrissement que Marguerite se rappelle avoir appris à nager dans la rivière des Mille Îles et, surtout, y avoir appris à pêcher en compagnie du plus grand des experts, son père.

L'école et les Chinois

C'est la vie scolaire qui fit entrer Marguerite dans la « société des enfants ». Avant d'être en âge de fréquenter l'école du quartier, elle fut inscrite à la classe prématernelle de madame Dequoix (?), dans une maison privée. C'est là qu'elle fit connaissance avec son premier groupe d'amis. La vie prit alors une coloration plus gaie, la prématernelle devenant le lieu des jeux et des plaisirs de son âge, le lieu aussi des expériences imprévues et pas nécessairement appréciées. Marguerite se souvient encore aujourd'hui d'une mésaventure occasionnée par un petit garçon espiègle et turbulent du nom de Pierre Trudeau (à ne pas confondre avec son homonyme, ex-premier ministre du Canada).

Un jour, en effet, Marguerite et un groupe d'enfants revenaient à la maison après la classe. Parmi eux, Pierre Trudeau, qui ne manquait jamais de se faire valoir. Ce jour-là, en cours de route, les petits rencontrèrent un des Chinois du quartier qui allait livrer son linge bien propre.

Ouvrons ici une parenthèse pour les générations qui n'ont pas connu cette spécialité de la communauté chinoise : c'est en effet grâce à leur savoir-faire dans l'art de laver, blanchir et repasser que les immigrants chinois ont pu fonder une multitude de buanderies dans différents quartiers de nos villes et devenir prospères dans ce type de commerce. À une époque où on lavait surtout à la main, leur aide était indispensable à qui voulait obtenir des chemises impeccables et des draps parfaitement repassés. Personne ne pouvait rivaliser avec les Chinois pour repasser cols et poignets de chemises. Les ménagères allaient donc leur confier leur linge sale. Une fois le linge lavé et repassé, il était souvent livré à domicile par les

Chinois qui l'empilaient dans un panier d'osier, simplement recouvert d'un drap blanc, et le transportaient dans une voiturette à quatre roues qu'ils tiraient le long des rues de la ville.

C'est ainsi que Marguerite et ses amis croisèrent ce jour-là notre Chinois allant livrer son linge après une bonne pluie, et que le sort voulut que la rencontre se produisît à proximité d'un trou d'eau. L'occasion était trop belle pour le petit Pierre qui sauta à pieds joints dans l'eau, éclaboussant du même coup le livreur et son beau lavage. La réplique ne se fit pas attendre. Le Chinois furieux s'élança en gesticulant et en criant à la poursuite des enfants qui décampèrent à la fine épouvante. Marguerite était la plus petite; c'est elle qui courait le moins vite. Le Chinois allait l'attraper... La pauvre petite, terrorisée, courut du plus rapidement que ses jambes pouvaient le faire, sans se retourner, et réussit de justesse à atteindre l'escalier de sa maison et à grimper les trois étages jusqu'à son logement. Le Chinois n'osa pas la poursuivre jusque là, cependant. Au bout de sa course et de ses forces, Marguerite s'effondra et dut se mettre au lit, si exténuée qu'elle ne put aller en classe en après-midi. Si les forces physiques lui revinrent peu à peu, on ne peut en dire autant du traumatisme causé par sa grande frayeur : plus jamais de sa vie Marguerite ne perdit sa peur des Chinois. Même adulte, même mariée, à Québec, alors qu'elle allait porter chez les Chinois les chemises de Clément qui appréciait tellement les cols et les poignets impeccables, elle n'entra jamais dans la boutique, se tenant sur le pas de la porte, toujours prête à déguerpir en cas de besoin.

À l'époque de cet incident, la famille Molleur habitait un logement de la rue du Parc, au troisième étage, un incendie l'ayant obligée à quitter les appartements Patricia. Un peu plus tard, elle déménagea à nouveau, cette fois rue Bernard, au coin de la rue Outremont, dans les appartements Séville. C'est là que Marguerite résidait lorsqu'elle entra en première année à l'Académie Querbes, près du parc d'Outremont. Que de plaisir et de beaux souvenirs sont rattachés à cette école où elle poursuivit ses deux premières années du primaire ! Car en plus des matières scolaires, les religieuses enseignaient aux enfants diverses disciplines artistiques. Marguerite appréciait particulièrement les pièces de théâtre, les déclamations et les spectacles présentés aux parents auxquels elle ne manquait jamais de participer. Mais, par-dessus tout, sa préférence allait à la « callisthénie », une discipline qu'on chercherait en vain dans les programmes d'études d'aujourd'hui. Il s'agit, en fait, d'une sorte de gymnastique rythmique et artistique où les fillettes exécutaient des chorégraphies, tenant à la main certains accessoires, comme des quilles, qu'elles manipulaient et lançaient légèrement. Pour ces exercices, les fillettes abandonnaient leur longue jupe pour porter des pantalons bouffants, plissés au-dessus du genou.

Marguerite évoluait avec ravissement dans ce monde scolaire qui lui procurait tant de découvertes et qui répondait à sa soif d'activités. Et, détail amusant, la mère supérieure de l'Académie Querbes était une ancienne blonde de Georges, son père...

Une émigration

C'est avec tristesse que Marguerite dut quitter l'Académie Querbes au terme de sa deuxième année. Dans aucune autre école, par la suite, elle ne retrouvera les activités artistiques qui lui plaisaient tant.

Ce changement est dû au déménagement de la famille Molleur à Québec, ville où Georges venait d'obtenir un poste important. La *Gazette officielle du Québec* du 15 septembre 1928 annonce sa nomination comme premier secrétaire de la Commission des accidents du travail, nouvellement créée, placée sous la présidence de l'avocat Robert Taschereau, de Montréal. Georges était alors âgé de cinquante et un ans. Il y remplira ses fonctions à compter de cette date jusqu'à sa retraite, vers 1952, à l'âge de soixante-quinze ans.

Au cours de l'année 1928, la famille s'installa donc dans un nouveau domicile, au 105 rue Saint-Cyrille (aujourd'hui boulevard René-Lévesque), près de l'avenue De Salaberry; le hasard, qui fait parfois bien les choses, les a placés presque en face de chez les Gauthier, ce qui aura des conséquences importantes sur la destinée des deux familles.

Mais pour l'instant, Marguerite devait faire connaissance avec un nouveau milieu scolaire : l'école Notre-Dame-du-Chemin, non loin de chez elle, coin Saint-Cyrille et Bourlamaque. Le jour de son arrivée, fière de ses réalisations montréalaises, elle exhiba son diplôme de deuxième année devant son enseignante et la supérieure de l'école. Les deux religieuses ne semblèrent pas impressionnées outre mesure par le document, et Marguerite entendit la supérieure dire à sa consœur : « Laissez la petite nouvelle courir dans la même classe que l'année dernière »... Ô insulte ! Marguerite était en état de choc : refaire sa deuxième année, elle qui avait si bien réussi à l'Académie Querbes ! Dans quel sinistre endroit était-elle tombée ? Il y avait urgence de s'échapper de cet endroit détestable où on ne reconnaissait pas ses apprentissages. D'un rapide coup d'œil, elle saisit la topographie des lieux : une belle grande fenêtre ouverte, sa classe au niveau du sol... Sans faire ni un ni deux, elle enjamba le rebord de la fenêtre en abandonnant derrière elle livres, cahiers, crayons, se retrouva sans heurt à l'air libre et s'enfuit à toutes jambes à la maison. Elle y trouva une oreille attentive chez ses parents qui, au récit dramatique de sa déconfiture, répliquèrent : « Ah oui, c'est comme ça que ça se passe ? Alors, c'est fini pour cette école ! ». Et c'est ainsi que la fillette quitta l'école Notre-Dame-du-Chemin pour celle de Saint-Dominique où elle se plut énormément, même si les activités artistiques lui manquaient. Mais elle put combler ce besoin, durant ses loisirs, par des cours chez une dame Duquette où on apprenait la diction et où on s'initiait au théâtre.

Au même moment, une tante d'Aurore, religieuse chez les Ursulines, incitait fortement sa nièce à envoyer Marguerite étudier au couvent du Vieux-Québec, lui vantant les mérites de cet établissement. Finalement, l'idée plut à l'avocat, son père, d'envoyer sa fille chez les Ursulines. Après sa quatrième année du primaire, Marguerite se présenta donc aux examens d'admission du couvent; cette fois, elle dut réellement reprendre sa quatrième année, car on ne la jugea pas assez forte en grammaire. Encore là, le changement d'école posait problème sur son cheminement scolaire; mais c'était une habitude fort répandue, à l'époque, de faire doubler les élèves lors d'un changement d'école pour une raison fort simple : les programmes étaient différents d'une institution à l'autre et, par conséquent, les apprentissages non équivalents. Tout de même, Marguerite y poursuivit ses quatrième, cinquième et sixième années. Elle reconnaît encore aujourd'hui l'excellence des cours de langues française et anglaise qu'on y dispensait. Elle se souvient même que les meilleures compositions françaises étaient envoyées à l'Académie canadienne-française, et qu'il est arrivé souvent que sa composition soit choisie pour ce grand honneur.

Au terme de la sixième année, elle avait le choix de passer des examens d'entrée à l'école normale pour devenir institutrice, ou encore de faire une septième année, préparatoire au cours classique. L'enseignement ne disait rien à la jeune fille qui, par contre, était très attirée par le cours classique. Elle entreprit donc sa septième année, avant d'être ralentie par sa santé fragile; trop souvent malade pour suivre la classe régulière, elle dut poursuivre en cours privés. Finalement, elle ne se présenta pas aux examens de fin d'année, ce qui la laissa sans diplôme à la sortie de l'école.

Une vie de jeune fille

La sortie du couvent des Ursulines ne signifiait pas, pour Marguerite, la fin des apprentissages. Un autre genre de vie débutait, partagé entre les activités domestiques, communautaires et sociales. Durant cette période, elle eut l'occasion de développer de grandes habiletés grâce à des cours de haute couture où elle apprit à confectionner tous ses vêtements avec des raffinements dont elle est encore fière aujourd'hui : boutonnières françaises et poches coupées n'avaient pas de secrets pour elle. Ce travail, qui occupait déjà une grande partie de son temps, était jumelé à des activités extérieures.

Elle fit partie notamment de la Ligue catholique de jeunesse féminine; celle-ci, orientée vers le service aux démunis, exigeait énergie et dévouement auprès de familles dans le besoin qu'on aidait de façon régulière. Il est même arrivé à Marguerite et à ses parents d'héberger durant six mois une fillette dont la mère était entrée au sanatorium; simultanément, une amie et voisine de Marguerite, Jacqueline Aubé, accueillait le petit frère. Marguerite s'est beaucoup attachée à sa jeune protégée et lui fit profiter de ses talents de couturière, lui fabriquant à elle aussi tous ses vêtements.

Les cercles d'études intéressaient également Marguerite. Les Noëllistes ont meublé une partie importante de ses jeunes années. D'origine française, ce regroupement se voulait un lieu d'activités axées sur la lecture. Les plus jeunes, soient les adolescentes, étudiaient, résumaient et commentaient des textes littéraires. Avec l'âge, vers dix-huit ans, c'est une autre section, Les Amis de la maison, qui leur ouvrait ses portes : à ce moment, les lectures portaient sur les Évangiles. Accompagnées et conseillées par un prêtre ami, les jeunes préparaient à tour de rôle l'étude et les commentaires d'un Évangile. Ces activités suscitèrent beaucoup d'intérêt chez Marguerite qui les suivit durant plusieurs années. Au moment de son mariage, elle était présidente d'un comité noëlliste. À dix-huit ans également, en compagnie de Marguerite Paquet et de sa sœur Georgette, elle faisait partie du chœur des chanteuses du Rosaire qui s'exécutait à la messe, tous les dimanches, à l'église Saint-Dominique; en outre, chaque été, le groupe partait en bateau pour La Malbaie et y passait deux ou trois jours afin de chanter la messe.

D'autres expériences, dans des domaines différents, furent moins heureuses. Par exemple, la réussite des cours de sauvetage de la Croix-Rouge et l'obtention du certificat de sauveteur n'impliquèrent pas une longue carrière à ce titre, car lorsque Marguerite apprit que le port de son écusson l'obligeait à intervenir coûte que coûte en cas de noyade, elle eut peine à s'imaginer sauvant un gros homme des eaux du fleuve Saint-Laurent à la plage de l'anse au Foulon. Avec prudence, elle retira son écusson et le garda soigneusement en souvenir, jusqu'à aujourd'hui.

De même, son goût des études l'amena à suivre un cours commercial d'un an : français administratif, comptabilité, sténographie, anglais, tout la préparait à devenir secrétaire. Cette formation l'intéressa, jusqu'au jour de la première entrevue pour un emploi. À ce moment, c'est le stress et l'énervement qui prirent le dessus sur la théorie. Envisageant le rythme et la pression qui l'attendaient au travail, Marguerite abandonna immédiatement l'idée d'occuper un poste dans un bureau.

Sa propension pour la formation et la culture générale ne semblait toutefois jamais s'éteindre ni même s'atténuer. À tel point qu'en 1940 elle profita d'une nouvelle occasion qui s'offrait à elle et fut parmi les premières étudiantes à s'inscrire à l'École des sciences sociales fondée par le père dominicain Georges-Henri Lévesque. Elle y suivit trois cours : morale familiale, donné par le père Lévesque lui-même; hygiène familiale, par un médecin, le docteur Leblond; et économie familiale. Aujourd'hui, un tel genre de parcours peut nous étonner, mais la formation continue ne vient pas d'être inventée; de plus, la reconnaissance des acquis, qu'on semble redécouvrir en l'an 2000, était déjà appliquée avec souplesse et bonheur... Il faut admettre, cependant, que la septième année du primaire fournissait alors aux élèves un bagage très étoffé : les jeunes en ressortaient même avec des notions de morale, de dogme, de pédagogie et d'apologétique.

C'est ainsi que se déroulait pour Marguerite une vie de jeune fille rangée, entre père et mère, partagée entre la satisfaction de sa curiosité intellectuelle et l'apprentissage de diverses habiletés manuelles qu'on qualifiait de savoir « typiquement féminin ». À la fois active et engagée socialement, elle se préparait consciencieusement à son futur rôle de maîtresse de maison et de mère, s'armant de tous les atouts nécessaires aux multiples responsabilités qui l'attendaient.

TROISIÈME PARTIE

EN AMOUR ET EN GUERRE

Rue Saint-Cyrille

Une belle rue, à double voie séparée par un étroit terre-plein central gazonné, où se dressent des réverbères garnis de globes de verre blanc; de part et d'autre, des maisons en rangées, de pierre et de brique, généralement de trois étages; était-ce une simple rue, vers 1925, ou déjà un boulevard comme on le connaît maintenant?

Quoi qu'il en soit, c'est là que se retrouvent les deux familles; l'une en face de l'autre, légèrement de biais, de part et d'autre de la rue Saint-Cyrille : les Gauthier installés du côté sud depuis 1925, au numéro 124; du côté nord, au 105, les Molleur arrivés à leur tour en 1928. Dans ces deux familles, deux enfants, Clément et Marguerite.

C'est à l'adolescence qu'ils ont fait connaissance, au hasard des va-et-vient de la vie courante, vers l'âge de douze ans, selon les souvenirs de Marguerite. De sa maison, elle pouvait voir Clément à sa fenêtre vaquer à ses études. À cette époque, Clément fréquentait le Petit Séminaire de Québec et Marguerite, le couvent des Ursulines, deux institutions du Vieux-Québec. Ils étaient donc voisins non seulement à la maison, mais aussi à l'école, en quelque sorte. Comme ils voyageaient souvent à pied, il leur arrivait de faire route ensemble. Dans leurs loisirs, la pratique du tennis les réunissait à nouveau. Mais n'allons pas croire qu'ils évoluaient dans un club ou sur un terrain bien aménagé. Loin de là ! La rue Saint-Cyrille leur offrait le lieu idéal, devant la maison, le terre-plein central servant de filet... Que de calme sur cette artère, à l'époque où la circulation automobile était encore fort clairsemée ! Sans commune mesure avec le boulevard René-Lévesque qui, en ces années 2000, déverse son flot de fonctionnaires de la région vers la colline parlementaire, et vice versa.

Les activités des deux adolescents présentaient parfois des points communs. Tandis que Clément faisait partie de la troupe scoute de la paroisse Saint-Jean-Baptiste, Marguerite était inscrite chez les Guides de Saint-Cœur-de-Marie. Ils s'entendaient déjà bien, en toute amitié. « On était bien jeunes ! », dira Marguerite, soixante-dix ans plus tard.

Vers l'âge de 16 ans, toutefois, leur relation devint un peu plus sérieuse. Clément invita d'abord Marguerite à une pièce de théâtre jouée à la salle paroissiale de Saint-Cœur-de-Marie; en mémoire de cette soirée, il lui laissa une petite carte où il inscrivit : « Souvenir de nos premières armes ». Il arrivait également à Clément, de temps en temps, d'aller veiller chez la famille Molleur. Il faut dire qu'Aurore, la mère de Marguerite, avait un faible pour le jeune homme et l'accueillait avec plaisir. Marguerite, pour sa part, n'avait pas conscience d'être l'objet d'un intérêt particulier de la part de Clément. Elle invitait donc à la maison, lors de ses visites, d'autres jeunes filles qui avaient un penchant pour lui. Pendant que Clément et ces demoiselles jouaient aux cartes, Marguerite, à la cuisine, leur préparait un petit lunch de fin de soirée. Il est même arrivé à Clément de devoir aller en reconduire une chez elle jusqu'à la rue des Remparts; et comme il n'avait pas un sou en poche pour prendre le tramway, il avait dû revenir à pied à sa maison, à une heure assez tardive, sur une distance d'une couple de kilomètres. Après cette aventure, il avait décidé de mettre les points sur les i et de dire à Marguerite : « Arrête donc de me présenter tes amies; ce ne sont pas elles qui m'intéressent, c'est toi ! ». Alors, Marguerite commença finalement à comprendre. À partir de ce jour, elle éloigna plutôt les amies.

Clément, de son côté, estimait et admirait Marguerite depuis longtemps. Avec le temps, au fil des rencontres, son admiration s'était transformée en amour. La pensée de Marguerite ne le quittait plus et le tourmentait même, car celle-ci semblait s'intéresser à un certain Pierre. Il décida donc de lui écrire une lettre pour lui révéler ses sentiments. C'était le 18 janvier 1936 : « Ma chère Margot, voici enfin la déclaration (car c'en est une) que nous attendons depuis longtemps ». Avec beaucoup d'élégance et de diplomatie, il la pria de l'éclairer sur les sentiments qu'elle éprouvait pour lui... ou pour Pierre. Avec un sens certain de la formule, il conclut : « Probablement que je te pose un dilemme, Margot, je le sais. Quelle que soit ta réponse, sois sûre que tu garderas toute mon estime : dans un cas, cela ne paraîtra pas... dans l'autre cela paraîtra ! ». S'excusant de sa franchise, il signa simplement « Clem ».

Les fréquentations sérieuses

Lorsque Aurore réalisa que les rencontres entre Clément et Marguerite devenaient plus assidues, elle prit les choses au sérieux. Car les parents Molleur étaient plutôt stricts et surveillaient de près leur fille de dix-huit ans. Aurore lui imposa donc une règle sévère : ne voir Clément qu'à tous les quinze jours car, sinon, « cela pourrait nuire à ses études… ». C'était un motif très louable et très souvent invoqué à l'époque, qui avait l'avantage de ralentir les ardeurs des jeunes et, par voie de conséquence, de protéger la vertu des filles (quant à celle des garçons, elle faisait moins problème…).

Les deux jeunes se plièrent donc à contrecœur à cette contrainte, échangeant des lettres pour compenser et espérant se rencontrer au hasard de leurs déplacements ou lors des sorties au cinéma Cartier; l'établissement avait ouvert ses portes en janvier 1928 malgré l'opposition de « certains citoyens qui dénonçaient le danger que représentait un cinéma pour la santé physique et morale des enfants » (Blanchet, Forget, Thivierge, p. 23). Marguerite ne partageait pas totalement l'avis de sa mère au sujet des études et confiait ses états d'âme à Clément, tout en manifestant une grande docilité envers ses parents. Une lettre adressée à son « Clem », le 15 septembre 1936, pour l'encourager à accepter cette restriction imposée, en témoigne :

> *[…] mais que veux-tu, nous ne pouvons pas nous voir à tous les jours, ce qui te dérangerait énormément dans tes études. C'est pourquoi maman croit bien faire en nous permettant de nous voir qu'une fois par quinze jours. Il me semble tout de même qu'en nous voyant une fois par semaine, cela ne ferait aucun tort pour tes études. Nos parents ont plus*

*d'expérience que nous, alors c'est pourquoi il faut leur obéir
les yeux fermés. [...] Je suis capable de voir dans la façon
d'agir de maman qu'elle ne veut que notre bien.*

Les deux amoureux se voyaient généralement le dimanche
soir. Ils veillaient toujours accompagnés – chaperonnés,
devrions-nous dire – et devaient jouer au bridge avec les parents Molleur, même si, à vrai dire, Clément n'aimait pas
tellement jouer aux cartes et si Margot n'y tenait pas du tout.
Durant toute la durée des fréquentations (six ans au total), les
parents Molleur ne les laissèrent jamais seuls. Lorsque les
jeunes veillaient au salon, Aurore veillait avec eux. Et si elle
devait s'absenter, Georges arpentait le corridor en jetant un
œil aux tourtereaux. De toute façon, à 22 heures il allait inva-
riablement remonter l'horloge, ce qui signifiait sans équi-
voque qu'il était assez tard. Il fallait que Clément fût très intéressé par Marguerite ! Mais rien ne semblait altérer les sentiments des deux jeunes.

Les rencontres avaient toujours lieu chez Marguerite, car
il n'était pas bien vu pour une jeune fille d'aller chez un garçon. Durant plusieurs années, donc, Marguerite croisa sur la
rue Gabrielle et Lucienne, les sœurs de Clément, ou sa mère
Eugénie, les reconnaissant au passage, mais sans jamais leur
être présentée officiellement.

Deux jeunesses parallèles

Ainsi, de part et d'autre de la rue Saint-Cyrille, deux jeunesses évoluaient en parallèle. Tandis que se développait docilement l'amour réciproque de Clément et Marguerite, Gabrielle et Lucienne Gauthier, plus âgées, étaient occupées à leur travail, sortaient avec des jeunes de leur âge et ne connaissaient pas Marguerite. Elles continuaient de soutenir leur mère tout en contribuant à l'éducation de Clément. Elles ne manquaient pas d'amis, garçons ou filles. Si Gabrielle semblait peu encline à se laisser courtiser par un « cavalier », Lucienne fréquenta durant un certain temps un jeune homme du nom d'Armand Sexton. Avec d'autres couples, ils participaient à des activités sportives suivies de veillées chez l'une ou l'autre des filles. À l'hiver de 1937, au lendemain d'une partie de glissade sur la terrasse Dufferin, terminée à six couples chez l'amie Jacqueline, cette dernière téléphona à Lucienne pour lui apprendre qu'un certain Jacques Bastien s'intéressait à elle et lui faisait demander si c'était sérieux entre elle et Armand. Lucienne, assez vive et peu désireuse d'utiliser une intermédiaire, répliqua que s'il voulait le savoir, il n'avait qu'à le lui demander directement. La réponse fut transmise littéralement. Jacques s'exécuta donc et proposa une rencontre à Lucienne… qui accepta. C'est ainsi qu'ils firent plus ample connaissance.

Jacques était aussi sur le marché du travail, à l'emploi de la compagnie Bussières pour laquelle il vendait des grains dans les campagnes. Lucienne et lui se fréquentèrent durant trois ans. Jacques venait souvent à la maison veiller en compagnie de Lucienne, de Gabrielle et de leur mère Eugénie, ou parfois les accompagnait en promenade le dimanche. Lucienne et lui aimaient aussi sortir au cinéma, assister à un concert ou aller danser au Château Frontenac. Pour Lucienne, qui approchait de la trentaine, il ne fut jamais question de surveillance ou de chaperon. Elle fut toujours assez libre de ses allées et venues avec Jacques. Peu à peu, tous deux formèrent des projets de mariage, mais Lucienne hésitait encore à laisser sa mère pour des raisons financières. Finalement, lorsqu'ils décidèrent de convoler, Lucienne avait déjà ses trente ans bien sonnés. Ils fixèrent la date du mariage à l'été de 1940, et il fut convenu qu'ils iraient habiter chez Eugénie; ils pourraient ainsi partager avec elle le coût du loyer, ce qui ferait l'affaire de tout le monde.

Pour Clément et Marguerite, occupés à vieillir, les choses évoluaient tout doucement. Obligés d'être patients, ils formaient aussi des projets d'avenir. Un beau jour, Clément souhaita présenter sa dulcinée à sa mère. Marguerite, non sans avoir demandé la permission à ses parents, fut donc invitée à rencontrer Eugénie; et elle aima instantanément cette mère chaleureuse et accueillante. Ce fut le début d'une relation qui se poursuivit toujours dans l'harmonie. Marguerite fit aussi la connaissance de Gabrielle et de Lucienne, avec qui elle commença à tisser des liens.

Clément, pour sa part, achevait son cours classique au Petit Séminaire. La remise des diplômes du baccalauréat ès arts approchait, avec la prise des rubans où chaque bachelier choisirait et présenterait à l'assistance le ruban de la couleur identifiant son choix de carrière, par exemple, le blanc pour la prêtrise, le rouge pour le droit, et ainsi de suite. Marguerite fut invitée à la cérémonie de juin 1938 avec Eugénie, Gabrielle, Lucienne et Charles-Auguste. Toutes les jeunes filles étaient du plus grand chic pour assister à un tel événement dans un collège de garçons. Marguerite ne fit pas exception; habile couturière, elle s'était confectionné une toilette digne de l'occasion. Se remémorant l'événement et le choix de carrière de Clément, elle dira plus tard : « Clément possédait une intelligence universelle. Il aurait pu réussir dans toutes les professions ». Compte tenu que sa mère était veuve, il n'opta pas pour des études longues et coûteuses, comme la médecine, sur les traces de son père et de son frère, mais il choisit plutôt le génie agricole où il pouvait profiter de bourses d'études.

C'est ainsi qu'à l'automne suivant, il partit étudier chez les pères Trappistes, à Oka. Mais il ne trouva pas là réponse à ses attentes; le cours était trop tourné vers l'agriculture, vers la production des cultures. Il quitta cet endroit après les Fêtes pour s'inscrire en sciences agricoles au Collège MacDonald, à Sainte-Anne-de-Bellevue, institution rattachée à l'Université McGill.

Des bruits de bottes

Les années 1930. Celles que l'on voudrait gommer si on pouvait faire reculer la roue du temps.

En Amérique et en Europe, la vie de misère, la crise économique depuis le krach boursier de 1929, le chômage, la faim, le suicide des anciens riches déchus, les enfants manquant de soins, les mères courage : situation plus critique en ville qu'à la campagne où les paysans savent au moins tirer leur subsistance de la terre et des bêtes.

En Europe, de plus en plus de tensions, de menaces et d'entorses à la paix. La pauvreté des uns, la peur des autres… Les idéologies, au pouvoir grandissant, font craindre le communisme d'une part et le fascisme de l'autre.

L'Histoire est complexe. Qui a vraiment vu l'ascension d'Hitler ? Qui, surtout, a vraiment cru en son pouvoir ? Qui a osé lui barrer le chemin ? Quand a-t-il été trop tard ?

Pour le Canada et le Québec, au début du XXᵉ siècle, l'Europe est bien loin ! Un océan les sépare. Et tandis qu'inexorablement montent les bruits de bottes, les enfants d'Amérique se soucient bien peu de leurs mères patries, la France pour les uns, l'Angleterre pour les autres.

Un jour, il est trop tard. Hitler violant tour à tour les frontières et les traités, la France et l'Angleterre sont finalement forcées, pour respecter leurs alliances, de lui déclarer la guerre, le 3 septembre 1939. Leurs alliés et colonies, selon le cas, suivent de peu. Le Canada entre à son tour en guerre contre l'Allemagne le 10 septembre 1939.

Pour les enfants d'Amérique, la guerre est bien loin. « Ces vieux conflits européens ne nous regardent pas; que les pays d'Europe règlent leurs problèmes eux-mêmes ! », clament ici bien des voix. Qui peut prévoir que l'Allemagne ne fera qu'une bouchée de la France ? Que les nazis règneront en maîtres plus de trois ans dans la moitié de la France occupée ? Que l'Angleterre, isolée, demeurera le dernier îlot européen de résistance à Hitler ? Que l'Amérique fait partie de la suite de ses plans d'invasion ? Qu'en 1942, quinze sous-marins allemands seront repérés dans le golfe et le fleuve Saint-Laurent, jusqu'à Pointe-aux-Pères, et y couleront vingt-quatre navires dont le traversier *Le Caribou* entre Terre-Neuve et la Nouvelle-Écosse ?

Non, pour l'instant, en 1939, cela ne nous regarde pas. « Cela n'est pas notre guerre ! »

Un étudiant officier

Tout au long de ses études, Clément poursuivit son entraî-nement militaire. Depuis le Séminaire de Québec, il était inscrit dans le CÉOC, le Corps-école des officiers canadiens (COTC, Canadian Officers' Training Corps). La salle d'exer-cice du corps-école se trouvait dans les locaux de l'Université Laval, alors située dans le Vieux-Québec, dans l'ensemble architectural partagé avec le Séminaire (MIAC, n° 71, p. 31). En effet, l'Armée, recrutant ses officiers parmi les diplômés d'uni-versités, organisait des corps de formation dans les différentes institutions collégiales et universitaires. Il s'agissait là d'une initiative élaborée dans l'Empire britannique, au début du siècle, pour constituer un bassin de cadres de « réserve » qui pourraient être utilisés dans l'hypothèse d'un conflit majeur. Car, faut-il le rappeler, l'Empire britannique ne jouissait pas du service militaire obligatoire comme l'Europe continentale. Comme l'explique Yves Tremblay, historien de la Défense nationale à Ottawa, on a décidé de

> former des officiers subalternes pendant que les jeunes étaient aux études supérieures dans le civil, [...] dès le temps de paix. [...] Pour l'armée, les collégiens et universi-taires sont intéressants à deux titres : ils sont une réserve de cadres éduqués, mais ils sont aussi de jeunes chefs naturels. [...] Un premier certificat, dit «A» sanctionnait l'acqui-sition de routine de base (la drill, le maniement du fusil et les notions disciplinaires) et permettait d'accéder au grade de lieutenant; le certificat «B», qui menait au grade de capitaine de milice, était un approfondissement des mêmes notions [...] auxquelles s'ajoutaient quelques éléments de tactique... (Tremblay, 2005, p. 188)

L'éducation supérieure n'était pas accessible à tous en raison de son coût et les jeunes qui en profitaient se prépareraient à former l'élite de la société. « Bien nés et bien éduqués, les membres du CÉOC seraient les chefs de demain, dans le civil comme dans le militaire. Les CÉOC travaillaient sur le potentiel humain des chefs que la société du temps se reconnaissait. Par un CÉOC, un civil d'élite devenait automatiquement un officier et chef de troupe. » On retrouva vingt-cinq contingents de ces corps dans les universités et collèges canadiens (Tremblay, 2005, p. 189). Au Québec, « les différents contingents du Corps-école d'officiers canadiens [...] des universités McGill, Laval et de Montréal et des collèges Jean-de-Brébeuf, Mont-Saint-Louis et Loyola constituaient une véritable pépinière d'officiers canadiens-français » (Vennat, p. 226).

« En plus d'être une organisation universitaire, le CÉOC se [voulait] également une formation régulière de la Milice active non permanente du Canada, destinée à former des officiers pour la Milice canadienne » (Lafontaine, p. 60). Cette milice n'agissait qu'en période de conflits où elle pouvait faire l'objet d'une « levée de masse » en cas d'extrême nécessité. Le rôle du CÉOC était donc « de préparer des étudiants à passer le grade d'officier pour qu'ils aient un rang acceptable dans l'armée si jamais ils [étaient] appelés par cette dernière » (Ibid.). Durant la guerre, les CÉOC dispenseront un entraînement militaire de base, obligatoire pour tous les étudiants; ceux qui le désirent poursuivront un cours d'officier. (Ibid., p. 2). « Le CÉOC prend à sa charge de donner aux étudiants de l'Université et des écoles affiliées à l'Université l'instruction militaire prévue pour qu'ils soient exemptés du service obligatoire dans un centre d'entraînement du ministère de la Défense nationale » (Ibid., p. 60).

Les élèves-officiers étaient aussi rattachés à une unité où ils fournissaient des états de service. Depuis février 1937,

Clément était affecté au Corps royal canadien des magasins militaires (RCOC, Royal Canadian Ordnance Corps). Sans doute ce choix avait-il été influencé par le major Vincent Alfred Curmi, officier de ce corps dans la Milice permanente, avec qui Clément entretint d'excellents rapports au sein du mouvement scout durant plusieurs années. Clément faisait ainsi partie de la Milice active non permanente, armée de réserve comprenant du personnel formé, mais non engagé. Avec le temps, il y obtint le brevet de sous-lieutenant, puis de lieutenant. Le Corps des magasins militaires se spécialisait dans la gestion et l'entretien du matériel destiné aux différentes unités de l'armée, de manière à fournir aux troupes absolument tout ce qui pouvait répondre à leurs besoins, à partir des chaussettes et de la nourriture jusqu'aux chars d'assaut. En été, pour compléter son entraînement, Clément participait à des camps militaires à Valcartier, ce qui lui procurait quelques revenus.

En 1939, au moment où les tensions s'aggravaient en Europe et où l'inquiétude grandissait devant les menaces de guerre, le Canada, pays pacifiste et antimilitariste, était mal préparé à une situation de conflit; les budgets militaires étaient toujours réduits et les effectifs en personnel, matériel et armement maintenus au minimum. La France et l'Angleterre ne valaient guère mieux; en fait, seule l'Allemagne était prête. Le gouvernement canadien commença à prendre des mesures et à dresser des programmes pour faire face à toute éventualité, tout en gardant de minces espoirs de paix. Il commença à envisager « une mobilisation partielle et l'institution du stade d'alerte » (Stacey, v. 1, p. 39) afin de former une armée suffisante, tout au moins, pour assurer la garde de nos côtes et la protection des points vulnérables. Dès le 1er septembre 1939, lorsque Hitler envahit la Pologne, le gouvernement canadien ordonna officiellement la mise en œuvre de la mobilisation. Dans la population civile, ce mois fut celui de toute la guerre où le recrutement fut le plus fort. Mais les nouvelles recrues devaient être encadrées par du personnel compétent. On envisagea rapidement de faire appel au personnel déjà formé au sein de la Milice active non permanente et de les faire passer dans l'Armée active permanente selon certaines modalités, dont la liberté de choix. C'est ainsi que la Milice non permanente rendit d'immenses services à l'armée du temps de guerre, fournissant les bases sur lesquelles s'élèverait la nouvelle grande structure. « En consultant les journaux de guerre, on constate que la Milice fournit presque tous les officiers et sous-officiers brevetés [...] des unités mobilisées en 1939 » (*Ibid.*, p. 49).

En juin 1940, la *Loi de mobilisation des ressources nationales* (LMNR) donna au gouvernement canadien le droit de mobiliser, pour service militaire ou autre, toute personne âgée de 16 à 45 ans. Elle obligeait, plus précisément,

> *tous les jeunes hommes célibataires entre vingt et un ans et vingt-quatre ans à s'inscrire sur une liste de recrutement, ainsi qu'à effectuer un entraînement militaire de base d'un mois (augmenté à quatre mois en janvier 1941). Le passage dans un des camps d'entraînement de base terminé, l'individu devenait réserviste. De par la loi de 1940, la recrue LMNR ne pouvait servir qu'en sol canadien. [...] On ne peut parler de conscription sans restriction qu'à compter de novembre 1944, lorsque le cabinet libéral de Mackenzie King décide, après des débats déchirants, l'envoi de conscrits outre-mer. En conséquence, avant la fin de 1944, seuls ceux qui se portaient volontaires pour le service général, autrement dit l'armée d'active, pouvaient être affectés à l'étranger* (Tremblay, 2006, p. 15).

Toutefois, « certaines classes de citoyens, dont les étudiants, jouissaient d'un traitement préférentiel. L'étudiant verra son appel remis jusqu'à la fin de ses études s'il fait partie d'un bataillon auxiliaire d'instruction élémentaire d'un CÉOC et s'il réussit bien ses examens » (Lafontaine, p. 66). En fait, il suffisait « pour échapper au régime des camps de recrues LMNR [...] d'être inscrit à l'université (ou les dernières années du cours classique), tout en étant membre du Corps-école des officiers canadiens de l'endroit » (Tremblay, 2006, p. 35).

À ce moment, Clément était étudiant en sciences agricoles au Collège MacDonald, rattaché à l'Université McGill, et toujours membre de la Milice non permanente au sein du Corps des magasins militaires (RCOC). Or, à une date que nous ignorons, mais vraisemblablement en été ou au début de l'automne 1940, le major Curmi, alors officier supérieur des Magasins militaires (RCOC) pour le district militaire nº 5 (Québec), réunit ses élèves-officiers pour leur proposer de s'engager dans l'Armée active permanente, comme volontaires pour le service outre-mer. Il faut préciser que les choses avaient évolué très rapidement sur le front. En mai et juin 1940, on avait vu l'armée allemande envahir à toute vitesse la Hollande, la Belgique et la moitié de la France; c'est la signature de l'armistice, demandé en juin par le maréchal Pétain, qui avait mis fin à son avance. Ne restait donc que le Royaume-Uni, avec l'aide de ses alliés, susceptible de résister à Hitler. Le gouvernement canadien intensifia donc ses mesures pour répondre aux demandes de l'Angleterre. Mais dans toutes ces mesures, le gouvernement ne pouvait forcer aucun membre des forces armées canadiennes à servir en dehors du Canada. Seuls les volontaires étaient envoyés outre-mer. Par ailleurs, « il y avait de grands avantages à se porter volontaire. Outre une paie décente, la recrue avait la possibilité de choisir le service (air, terre, mer) et parfois l'unité, donc de demeurer avec ses copains… » (Tremblay, 2006, p. 15).

Le major Curmi fit valoir à ses élèves-officiers, d'une part, les besoins de l'armée en personnel compétent et déjà formé, particulièrement en officiers et sous-officiers, ce manque étant flagrant notamment dans les unités des magasins militaires (Stacey, v. 1, p. 129); et, d'autre part, l'avantage pour les jeunes détenant déjà un grade d'officier dans la Milice non permanente de s'engager immédiatement dans l'Armée active permanente : ils auraient la chance, après évaluation de leurs compétences, de conserver leur grade actuel dans l'unité où ils opéraient déjà, ce qui leur procurerait des avantages indéniables sur le plan des conditions de travail et de salaire. C'est un privilège qui leur était offert, car normalement « les brevets d'officiers obtenus au [CÉOC] n'étaient valides que pour la réserve » (Vennat, p. 226); ce privilège sera d'ailleurs aboli ultérieurement. Yves Tremblay ajoute cette explication :

> *Le CÉOC est une sorte d'unité de réserve pour étudiants universitaires qui a conféré le privilège, jusqu'au 16 juillet 1943, [...] d'être exempté du service d'entraînement obligatoire prévu par la loi LMNR, tout en permettant d'accéder directement au grade de sous-lieutenant lors du passage dans une véritable unité de l'Armée.* (Tremblay, 2006, p. 35)

Dans le cas d'un refus, les conséquences pouvaient s'avérer coûteuses pour l'avenir, advenant une conscription pour service outre-mer : les jeunes étudiants officiers perdraient alors leur grade et seraient engagés selon les besoins et comme simples soldats.

Voilà donc le dilemme qui se posait à Clément : s'enrôler immédiatement comme officier volontaire, ou refuser et risquer d'être éventuellement conscrit comme simple soldat. Commence alors pour lui une période de réflexion où il doit mettre plusieurs éléments dans la balance. Doit-il poursuivre ses études ou se tailler dès maintenant une carrière dans l'armée ? S'il refuse le service actif, il perd un grade chèrement acquis au cours des années et risque de se retrouver au bas de l'échelle en cas de conscription; il œuvre actuellement dans un corps d'intendance, plus sécuritaire, mais pourrait sinon se retrouver fantassin en première ligne. Bien sûr, le gouvernement de Mackenzie King a gagné ses élections en promettant de ne pas imposer la conscription; mais ils sont plusieurs, dans la population, à ne pas y croire, se souvenant avoir vu les mêmes promesses non tenues par le gouvernement Borden lors de la Première Guerre mondiale. D'autre part, l'Europe est à feu et à sang; seul le Royaume-Uni n'a pas connu l'invasion des nazis. Il est important de contribuer à la défense de la liberté et de la démocratie, et de repousser Hitler en Europe plutôt que d'attendre qu'il traverse en Amérique, comme le prévoient ses plans. Enfin, s'il décide de s'enrôler immédiatement comme officier, Clément jouira d'un salaire intéressant qui pourrait lui permettre de se marier plus tôt avec sa chère Marguerite. Et puis, la guerre ne durerait certainement pas longtemps.

On se souvient que durant cette période la participation du Canada au conflit s'est déroulé dans un climat de confrontation alors que

> *la dualité ethnique particulière à ce pays trouvera dans la guerre une occasion d'exprimer ses antagonismes les plus profonds. Généralement, les Canadiens français ne manifestaient pas d'hostilité vis-à-vis ceux qui désiraient se porter volontaires pour servir dans l'armée. Ce qu'ils prisaient moins, c'étaient les rumeurs de conscription imposée de façon unilatérale* (Lafontaine, p. 10).

Tandis que les Canadiens français craignaient l'influence néfaste de la guerre sur leur vie sociale et morale et les risques d'anglicisation des francophones, les Canadiens anglais les accusaient de « s'engager en beaucoup plus grand nombre dans l'armée de réserve que dans les unités d'active destinées à servir outre-mer » (M. Wade cité par Lafontaine, p. 11). Mais il est amusant de considérer que, si les Canadiens français étaient plus enclins à assurer la défense du Canada qu'à courir l'aventure « au-delà des mers, [...] pour plus d'un Canadien français qui n'était jamais sorti du Québec, servir dans les Maritimes ou en Colombie-Britannique et, plus tard, en Alaska ou au Groenland, c'était vraiment servir à l'étranger » (*Ibid.*).

Il fallait donc prendre une décision, la meilleure dans les circonstances. Au terme de ses réflexions, Clément décida finalement de s'engager comme volontaire; bien des jeunes élèves-officiers de son entourage firent de même, dont son ami le peintre Anthony Law qui, comme Clément, faisait de l'entraînement l'hiver et fréquentait le camp de Valcartier l'été. De fait, selon les chiffres officiels, au 1er mai 1942 « on estimait que cent soixante-quinze des anciens officiers du [CÉOC] de l'Université Laval servaient comme officiers d'active » (Vennat, p. 226). Le 8 octobre 1940, Clément fut officiellement enrôlé dans l'Armée active permanente du Canada comme lieutenant rattaché au RCOC. Il y effectuera des tâches de gestion de l'inventaire et d'inspection tant du matériel des unités que des comptes. Sa déclaration officielle en anglais, signée le 30 juin 1941, stipule qu'il est volontaire pour servir dans l'armée en campagne (*Field Force*) tant et aussi longtemps que nécessaire, là où sa présence sera requise (*if, when and so long as required*). Cette décision allait changer le cours de l'existence du jeune couple.

Des couples et de la guerre

Le début de la guerre affecta de diverses manières la vie des couples. Les jeunes hommes déjà mariés risquaient moins que les autres d'être touchés par le service militaire, tout particulièrement s'ils occupaient une profession scientifique, technique ou médicale. Certaines catégories de citoyens, en effet, n'étaient pas soumises aux procédures de mobilisation, car on voulait « s'assurer de ne pas perdre les services des hommes possédant des aptitudes spéciales pour devenir officiers ou spécialistes et les empêcher de s'engager inutilement comme simple soldat » (Stacey, vol. 1, p. 114). Au nombre des catégories non acceptées se trouvaient « les diplômés d'universités ou collèges en médecine, génie ou autres professions d'ordre scientifique ou technique; [... et] les anciens élèves du Corps-école d'officiers canadiens détenant un brevet d'aptitude » (*Ibid.*, p. 113-114). Ces critères s'appliquaient au frère de Clément, Charles-Auguste, médecin marié à Charlotte Rinfret, et à Gérald Molleur, le frère de Marguerite, ingénieur marié à Irène Bourassa. Georgette, la sœur de Marguerite, était également mariée depuis 1937 à un médecin, Arthur Bédard; ces derniers avaient un fils, Guy, né en septembre 1938, peu de temps après leur retour précipité d'un voyage d'études en médecine à Paris. La petite famille avait d'ailleurs logé chez les parents Molleur durant quelques mois à son arrivée. Georgette et Arthur sortaient fréquemment avec Marguerite et Clément et tous quatre étaient friands de pique-niques, au pont de Québec notamment.

Lucienne Gauthier et Jacques Bastien avaient prévu, pour leur part, se marier en juillet 1940. Les événements de cet été allaient leur fournir un lot d'imprévus, en raison de nouvelles décisions du gouvernement canadien. Le 14 juin, les Allemands étaient entrés dans Paris et le 17, Pétain avait demandé l'armistice à Hitler. Le gouvernement canadien présenta alors son projet de loi qui reçut la sanction royale le 21 juin 1940, sous le titre de *Loi de mobilisation des ressources nationales*. Cette loi, comme on l'a vu, autorisait le gouvernement à obliger des personnes à se mettre « à la disposition de sa Majesté » et du Canada pour la défense du pays, « la poursuite efficace de la guerre ou [...] les services à la collectivité »; bref, elle décrétait un « service militaire obligatoire mais seulement pour la défense territoriale » (Stacey, vol. 1, p. 81). Le 12 juillet 1940, le gouvernement annonça la mobilisation de tous les hommes célibataires : « L'enrôlement des hommes célibataires de 19 à 45 ans [devint] obligatoire pour le service au pays et volontaire pour le service outre-mer » (Auger et Lamothe, p. 22). Cette mobilisation devait entrer en vigueur le 15 juillet, soit trois jours après son annonce, ce qui déclencha une panique générale. On cherchait par tous les moyens à échapper à l'armée; pour ce faire, « deux solutions : entrer en religion ou se marier » (Fallu, p. 130). On assista alors à une course au mariage un peu partout au Québec et ailleurs au Canada, durant la fin de semaine des 13 et 14 juillet. Au Québec, particulièrement, plusieurs craignaient qu'il ne s'agisse là d'une étape en vue de la conscription. Ce fut une ruée de tous ceux qui étaient déjà fiancés ou qui décidèrent de devancer leur projet, et même de certains couples qui se formèrent à la fine épouvante pour éviter la mobilisation : certains hommes, paraît-il, durent parfois faire plusieurs demandes le même jour avant de dénicher une épouse... « On [faisait] la queue devant les portes des églises pour se marier. Les mariages en groupes [permirent] d'accélérer le rythme des bénédictions nuptiales » (Clio, p. 379-380). Les paroisses organisèrent en effet des cérémonies de groupes et exceptionnellement les mariages furent permis le dimanche. « Toute la population se [pressait] aux abords des églises pour voir les nouveaux mariés. Le défilé se [poursuivit] jusqu'à minuit le dimanche soir, veille du jour fatidique » (Auger et Lamothe, p. 24). « La ville de Québec [arriva] en tête avec 250 mariages de plus que Montréal » (Fallu, p. 130). C'est donc au milieu d'une grande agitation que fut célébré le mariage de Lucienne et de Jacques qui tomba durant cette période, par pur hasard. L'événement ayant été planifié depuis longtemps, il n'était pas question de modifier les choses. Ils se marièrent dans l'intimité, comme prévu, et s'installèrent ensuite chez la mère de Lucienne comme ils l'avaient convenu.

L'application de la loi sur la mobilisation nécessitait d'abord une inscription nationale permettant de connaître toutes les ressources humaines, selon leur groupe d'âge et leur catégorie (statut, emploi, etc.). Des examens médicaux décidaient de l'éligibilité des candidats qui, s'ils étaient acceptés, recevaient, dans un centre d'instruction de la Milice active non permanente, « une instruction élémentaire intense de trente jours, puis [étaient] renvoyés dans leurs foyers » (Stacey, v. 1, p. 120). Par la suite, comme on l'a vu, cette période d'instruction fut prolongée à quatre mois. On sait que Jacques Bastien, même marié, fut convoqué un jour pour instruction; mais à son grand soulagement et à celui de Lucienne, il échoua l'examen médical en raison de sa trop grande myopie.

Clément, pour sa part, n'était pas directement visé par la loi sur la mobilisation. Son enrôlement, le 8 octobre 1940, coïncidait néanmoins avec l'arrivée d'un premier groupe de 27 599 hommes appelés dans les différents centres d'instruction du Canada (Ibid.).

Marguerite et Clément continuèrent donc à se fréquenter, mais les circonstances avaient changé : Clément n'était désormais plus étudiant et recevait maintenant un salaire régulier au sein de l'armée. Marguerite, de son côté, faisait partie de la Croix-Rouge depuis le début de la guerre; elle y suivait un entraînement en vue de devenir infirmière : cours de soins aux blessés, soins aux malades à la maison. Cela s'ajoutait à sa formation antérieure de sauveteur de la Croix-Rouge et de secouriste. Ses parents ne l'autorisaient pas à signer pour outre-mer, mais elle participait aux nombreuses activités de cet organisme à Québec. Celui-ci comprenait une armée de bénévoles recrutés pour réaliser ses objectifs, tant « le réconfort des prisonniers, des réfugiés et des victimes de la guerre par l'envoi de vêtements, d'articles essentiels, de nourriture, de douceurs » (Auger et Lamothe, p. 109), le tricot de mitaines et de chaussettes pour les soldats, de vêtements pour les orphelins déportés, que les « services spécialisés : le transport, les soins infirmiers et le travail de bureau » (Ibid., p. 111). Les bénévoles s'initiaient à la conduite des ambulances et des camions des cliniques de sang. Les infirmières et auxiliaires « [étaient] prêtes à intervenir en cas d'urgence et à apporter leur aide dans les cliniques de sang et les hôpitaux du pays » (Ibid., p. 112). En janvier 1942, des « "bataillons de tricoteuses" [recrutaient] des femmes de tous les âges et de tous les milieux. [...] Avec la guerre, on a [même eu] la permission de tricoter le dimanche » (Ibid., p. 110). Le tissu déjà taillé, envoyé avec les instructions de couture par le bureau central, se transformait en vêtements et en courtepointes, en sacs à glace ou en bonnets pour les chirurgiens. Le tout était soigneusement recueilli, classé, empaqueté et distribué.

La Croix-Rouge [comptait] principalement sur les femmes pour ramasser des vêtements, des articles de toilette et de la nourriture qu'elle [faisait] expédier en Angleterre ou aux troupes sur le front [...]; en 1942, 35 000 femmes du Québec [cousaient et tricotaient notamment] des chaussettes pour les soldats [...] et 80 % d'entre elles [étaient] francophones (Clio, p. 398).

Marguerite répondait aux besoins dictés par la situation, qu'il s'agisse de préparer des paquets pour les soldats outre-mer ou d'aller visiter des blessés de retour du front, hospitalisés à Valcartier. Elle poursuivra ses activités durant plusieurs années de guerre, en fait jusqu'à la naissance de Louise, en 1942, sans se douter que pesaient sur elle et sur les siens certains soupçons reliés à son nom. En effet, au début de la guerre, le patronyme Molleur, d'origine allemande, vaudra à sa famille une certaine méfiance de la part de la défense civile à la recherche d'espions et de membres de la cinquième colonne. C'est par Charles-Auguste, lui-même membre de la défense civile, que la famille apprit qu'elle était sur la liste des noms à surveiller...

En 1940, les familles Gauthier et Molleur n'habitaient plus rue Saint-Cyrille. Leur déménagement respectif les avait amenées sur l'avenue Cartier, l'une en face de l'autre. Les Gauthier occupaient un premier étage, au numéro 131, au-dessus d'une épicerie. Les Molleur, quant à eux, après de brefs séjours dans deux appartements de l'avenue des Érables, au coin de Saunders, occupaient maintenant le 130 de l'avenue Cartier; c'était un rez-de-chaussée, requis en raison d'une fracture de la hanche qui avait laissé Aurore infirme. Ils jouissaient donc encore d'un voisinage de grande proximité, propice aux fréquentations et aux célébrations entre les deux familles.

Clément et Marguerite prirent la décision de se marier. Ils étaient amoureux depuis longtemps et étaient prêts à unir leurs destinées. Il fallait cependant obtenir l'accord des parents

Molleur. Clément se prépara donc à faire sa grande demande à Georges, père de sa bien-aimée. Conformément aux convenances de l'époque, il alla lui demander officiellement la main de sa fille. Georges s'enquit d'abord si Clément avait un revenu raisonnable pour éviter que Marguerite ne vive dans la misère. Jugeant que Clément avait les moyens d'offrir un avenir à sa fille, il acquiesça à sa demande. Aurore, par contre, était très réticente, trouvant sa fille de ving-deux ans beaucoup trop jeune pour se marier. Elle fit même des démarches auprès de Georgette, la priant de convaincre sa jeune sœur de reporter son projet. Mais la décision de Marguerite et de Clément était bien arrêtée et à Noël 1940 ils firent bénir leurs fiançailles par le curé, le père dominicain Thomas Landry, fort simplement, en présence de leurs familles.

Soixante ans plus tard, Marguerite se souvient... À l'intention des résidants de L'Oasis, au bord de la rivière des Prairies, à Laval, elle rédige un article intitulé « L'amour, la guerre, un enfant » qui en dit long sur ses sentiments de jeunesse et qui débute ainsi : « Nous sommes en temps de guerre. L'homme que j'aime fait partie des Forces armées du Canada. Si l'amour est plus fort que la mort, voici la preuve qu'il est aussi plus fort que la guerre. Malgré une éventuelle séparation, nous nous épousons ».

Un sobre mariage

Le mariage fut célébré à l'église Saint-Dominique, le 17 mai 1941. Marguerite avait atteint vingt-trois ans, et Clément, vingt-quatre. La noce fut sobre, à la fois en raison de la guerre et des moyens financiers des parents Molleur.

Un mariage, durant la guerre, se déroule simplement; il serait mal vu, dans les circonstances, de faire des dépenses excessives; les restrictions alimentaires et vestimentaires imposent une certaine sobriété. Les robes sont courtes, les fleurs artificielles, le gâteau de noces a été confectionné grâce aux coupons [de rationnement] de sucre de la parenté (Auger et Lamothe, p. 30).

Les invitations se limitèrent aux proches de la famille et à quelques amis intimes : chez les Gauthier, autour de la mère Eugénie, se regroupaient Charles-Auguste et son épouse Charlotte, Lucienne et Jacques, ainsi que Gabrielle; chez les Molleur, Gérald et Irène ainsi que Georgette et Arthur entouraient Aurore et Georges. Aucun cousin, oncle ou tante ne s'ajoutait, mais seulement quelques amis des mariés, dont Gilberte Drouin Borgeat, Paul Brunet, Benoît Sylvain et Geneviève Lefebvre, ainsi que Marguerite Paquet, grande voix du Québec à l'époque, qui assura le chant durant la cérémonie religieuse.

Comme il n'y avait pas beaucoup de grands mariages en blanc durant la guerre, Marguerite choisit une toilette courte. Elle avait fait appel à une couturière spécialisée qui créait des modèles exclusifs à partir de photos tirées des revues de mode. La mariée portait une tenue dans les tons de beige, s'harmonisant avec l'habit militaire de Clément. Sa robe était assortie d'une petite veste ouvragée à manches longues; elle arborait également un chapeau noir à larges bords, orné d'une bande de tissu de la couleur de la robe. Elle entra à l'église au bras de son père élégamment vêtu de noir, avec habit à queue et chapeau haut-de-forme; elle en ressortit, radieuse, au bras de Clément en uniforme, portant casquette, ganté de cuir et tenant à la main gauche une badine, un des attributs de la tenue d'officier; il s'agit d'un bâton en métal, recouvert de cuir et décoré à son extrémité des armoiries du RCOC.

Le mariage, quoique simple, fit l'objet d'une rubrique mondaine dans le journal *The Gazette*, de Montréal, du 16 mai. On y lisait :

> *Le mariage de Margot, fille de monsieur et madame Georges Molleur, et de Clément Gauthier, fils de feu le docteur L.-O. Gauthier et de madame Gauthier, de Québec, sera célébré simplement demain matin en l'église des dominicains de la Grande Allée, à neuf heures et quart; la décoration sera constituée de lys blancs, de palmes et de fougères, et des boucles de tulle blanc marqueront la place des invités. L'officiant sera l'abbé Armand Déry, capitaine honoraire et aumônier à Valcartier, et mademoiselle Jeanne de Varrennes assurera la partie musicale. Un choix de pièces sera exécuté par le chœur, et les solos par mademoiselle Marguerite Paquet. La mariée, sans demoiselle d'honneur, sera «donnée en mariage» par son père. Elle portera une robe de crêpe beige avec un large chapeau et des accessoires noirs, et un bouquet de corsage d'orchidées. D'autre part, le docteur C.-A. Gauthier sera le témoin de son frère. Après la cérémonie, une réception suivra au Claridge; par la suite, le lieutenant et madame Gauthier quitteront en voiture pour leur lune de miel, et résideront à Québec à leur retour. La mariée voyagera en tailleur dans les tons de rose, avec un chapeau de feutre brun et des accessoires de même teinte. [Traduction libre]*

La réception eut donc lieu au Claridge, sur la Grande Allée. On y servit un repas léger, en conformité avec les exigences du temps de guerre : des sandwiches constituaient l'essentiel du menu, accompagnés de vin et d'un gâteau pour dessert. Les nouveaux mariés s'éclipsèrent à la fin du repas pour se rendre à la maison revêtir leur tenue de voyage; Clément n'eut pas long à faire pour aller chercher Marguerite de l'autre côté de l'avenue Cartier. Puis ils retournèrent saluer leurs invités et prendre congé. Ils partirent enfin seuls en voyage de noces ! Marguerite, qui prenait grand soin de sa toilette, portait maintenant une robe en lainage très fin, d'un rose pâle, recouverte d'un manteau d'un rose plus soutenu. Georges eut la générosité de leur prêter son automobile pour leur permettre de pérégriner à leur goût jusqu'à leur destination ultime : les chutes Niagara. Les amis de Clément tentèrent d'attacher des objets bruyants à la voiture, mais Georges s'y opposa formellement.

Les nouveaux mariés partirent donc en paix et, malgré le rationnement de l'essence et des pneus, profitèrent de leur véhicule pour savourer les paysages sauvages des lacs de l'Ontario, souvent en des endroits isolés, recherchant cette nature brute si chère à Clément. À quatre-vingt-deux ans, Marguerite garde encore mémoire du lac Kamaniskeg, au bord duquel ils séjournèrent seuls dans un petit chalet à peine aménagé. « Seuls avec les ours » en cet endroit sauvage, elle ne craignait rien en compagnie de Clément ! Aux chutes Niagara, ils ne purent traverser la frontière américaine, car il était interdit à un soldat d'un pays en guerre d'entrer aux États-Unis, qui ne l'étaient pas encore à cette date. Ils en eurent tout de même plein la vue du côté canadien !

Il n'y eut toutefois pas que des aspects faciles à ces deux semaines de voyage. Le trajet devait leur réserver des surprises désagréables. En effet, les pneus de la voiture de Georges étaient loin d'être en bonne condition... Et le pire de ce qui devait arriver arriva : deux crevaisons aux pneus avant sur la Queen Elizabeth Highway à Toronto, en pleine circulation. Heureusement, Marguerite venait de remettre le volant à Clément et c'est lui qui se cramponna lorsque l'incident se produisit, réussissant à libérer la voie et à se réfugier sur le terre-plein gazonné... ce qui ne plut guère aux policiers qui les prièrent de dégager au plus vite ! Finalement, l'aventure coûta deux pneus neufs aux jeunes mariés, grevant quelque peu leur modeste budget... Toronto fut aussi le théâtre d'un traumatisme mémorable subi par Marguerite : les montagnes russes, qu'elle dévala, pâle et aphone, cachée au fond du wagonnet, tandis que Clément, en peine, la croyait évanouie...

Au retour de leur voyage tout de même enchanteur, le jeune couple s'installa à son tour chez la mère de Clément, Eugénie, remplaçant en ces lieux Lucienne et Jacques qui entreprirent de se chercher une autre demeure et déménagèrent non loin de là, rue Fraser. Clément et Marguerite occupaient deux pièces du logement où vivaient Eugénie et Gabrielle. Ils aménagèrent une chambre à coucher et un boudoir avec des meubles en érable qu'ils conserveront toute leur vie.

Quelque temps après leur mariage, Clément souhaita présenter Marguerite au major Curmi, alors officier supérieur des magasins militaires (RCOC), qui habitait à la citadelle de Québec avec son épouse. Cette dernière, Corinne Fiset, était la sœur de Sir Eugène Fiset, ancien lieutenant-gouverneur du Québec. Tous deux reçurent donc Clément et Marguerite à leur résidence pour une visite de courtoisie.

« *Partir pour mourir un peu* [*] »

Autant d'événements heureux font un peu oublier la guerre. Les amoureux sont maintenant libres de s'aimer à leur guise et de bâtir pleinement leur vie de couple. La cohabitation à quatre se déroule harmonieusement, Eugénie et Gabrielle Gauthier étant tout aussi discrètes que chaleureuses. Marguerite poursuit toujours ses activités à la Croix-Rouge et espère bien, si la situation l'exige, traverser avec Clément outre-mer. Le couple fréquente également Georgette et Arthur qui les reçoivent régulièrement à leur chalet du lac Beauport, au sein de leur petite famille : Guy approche déjà de trois ans et un autre fils, Pierre, est né en août 1940. Les deux couples sont très près l'un de l'autre.

Durant un certain temps, la vie suit son cours tranquille. Au début de l'automne, une nouvelle procure à la famille de grandes émotions : Marguerite est enceinte. Les jeunes époux sont tout à leur bonheur, lorsqu'une autre nouvelle tombe à son tour : un soir, à son arrivée à la maison, Clément annonce son départ prochain pour l'Europe, à trois semaines d'avis.

C'est un choc ! Trois semaines pour s'adapter à l'idée de la séparation ! Clément doit aller rejoindre une unité du RCOC déjà en poste en Angleterre. Il ne voyagera pas avec un régiment, mais seul de son unité. Il sera entouré toutefois de tout un contingent de militaires qui partiront pour l'Angleterre au même moment. Là-bas, il peut être affecté à l'une ou l'autre des multiples tâches d'approvisionnement des troupes, qu'il s'agisse de gérer le matériel ou de suivre les régiments au

---

[*] Paroles de la chanson de Francis Lemarque : *Quand un soldat.*

combat avec tout l'équipement que nécessitent les opérations. Cette fois, il est clair que Marguerite, enceinte, ne pourra traverser. Elle éprouve déjà quelques problèmes de santé reliés à sa grossesse : maux de cœur et maux de jambes.

La guerre, c'est bien connu, « se fout des serments d'amour * ». Marguerite et Clément sont engagés dans un processus irréversible et ne peuvent plus rien changer au cours des événements. Ils entrevoient quelques mois de séparation qui leur paraissent énormes au début de leur vie de couple. Ils y font face le plus courageusement possible. Marguerite évoque la possibilité de se prendre un logement et d'y préparer l'arrivée de leur enfant; mais la famille lui déconseille d'aller vivre seule; il est finalement convenu qu'elle continuera d'habiter avec Eugénie et Gabrielle.

Les jours s'égrènent jusqu'à celui, fatidique, du départ, le 10 novembre 1941. Des amis proches et la famille au grand complet accompagnent Clément à la gare du Palais d'où partira le train des militaires à destination de Halifax. Les parents Molleur ainsi que Georgette et Arthur Bédard sont là, en compagnie du petit Guy; Arthur a même apporté sa trousse de médecin, craignant une faiblesse de Marguerite. Charles-Auguste et Charlotte sont également présents, de même que Lucienne et Jacques, et, bien sûr, Eugénie et Gabrielle. Chacun y va d'un souvenir, d'une carte ou de cigarettes; Charles-Auguste a fait cadeau à Clément d'un sac de voyage et, en le saluant, lui promet de prendre soin de ceux qu'il laisse derrière. Les époux sont bouleversés, mais font bonne figure jusqu'au bout, courageusement, éprouvant le sentiment d'être entraînés par une fatalité, par un flot d'événements sur

---

* Paroles de la chanson de Francis Lemarque : *Quand un soldat.*

lesquels ils n'ont aucune prise. Guy Bédard, du haut de ses trois ans, participe à sa manière à l'émotion générale; il a apporté à Clément un cadeau pour son départ : un de ses livres d'images pour enfants, en tissu. Clément accepte ce présent et le conservera précieusement tout au long de la guerre, comme un rappel des moments heureux vécus en famille auprès des siens, comme un espoir également de les retrouver.

Puis, c'est le moment. Marguerite vit l'épreuve la plus terrible de sa vie et pense s'écrouler en fixant Clément qui s'embarque pour une destination au-delà de l'océan qui les séparera. Le train bondé de soldats s'ébranle tout doucement, au son de la musique militaire, sur des airs comme *Ce n'est qu'un au revoir* qui arrachent le cœur. Il ralentit encore au son du *God Save the King*, puis la foule de parents le regarde s'éloigner avec une lenteur qui prolonge le supplice. Lorsqu'il disparaît complètement à l'horizon, tout est terminé...

La famille Gauthier retourne à la maison en compagnie de Marguerite, et Charles-Auguste les accompagne. Mais Marguerite a tôt fait de s'excuser pour aller se reposer. Et là, seule dans sa chambre, elle peut se laisser aller à pleurer toutes les larmes de son corps.

Le voyage ou
«Mon cher Clément...», «Ma chère Margot...»

Le trajet entre Québec et Halifax s'étire durant 25 heures au cours desquelles le train effectue plusieurs arrêts. À chaque fois, Clément en profite pour téléphoner ou envoyer lettres et télégrammes à Marguerite. Il postera ainsi une lettre de Rivière-du-Loup, un télégramme de Mont-Joli, puis un autre télégramme et trois lettres de Halifax. Ces contacts adoucissent quelque peu leur chagrin et redonnent à Marguerite le courage de se montrer «brave et digne de son mari adoré», le téléphone la faisant rire et pleurer de joie tout à la fois, «au comble du bonheur»; ainsi s'exprime-t-elle, dès le 10 novembre, dans une première lettre que l'abbé Raoul Cloutier, un ami de Clément en route lui aussi pour Halifax, emportera pour la lui remettre. Marguerite y exprime toute la douleur vécue au moment de la séparation :

> Tu sais, je m'attendais à passer par quelque chose de terrible, mais jamais comme ça. D'abord, quand j'ai vu tous ces militaires dans le train et en plus la fanfare qui s'en mêlait, c'est comme si on m'avait arraché le cœur; et quand je t'ai vu embarquer et le train se mettre en marche puis ralentir au son du God Save the King, je pensais d'éclater en sanglots... Je ne puis te décrire comme je le voudrais l'impression lugubre que ça m'a fait : je voyais mon mari séparé de moi par un océan infranchissable sans espoir de le revoir; je te dis mon chéri je pensais de tomber là.

L'abbé Cloutier remet fidèlement la missive à Clément basé à Halifax, dans l'attente de la traversée. Ce dernier y répond en ajoutant :

Est-ce qu'il y a rien au monde de plus contre nature que la séparation de deux époux qui s'aimaient et s'entendaient si bien que nous? [...] Pour un moment, j'ai eu envie de sauter de ce maudit train et tu ne saurais croire comment j'ai regretté de ne pas m'être placé sur la plateforme arrière, j'aurais pu vous voir tellement plus longtemps...

Il s'en veut de n'avoir pas mieux salué les siens, et répète à tous ses salutations et remerciements, ratés selon lui au moment du départ, car, écrit-il, « à ce moment-là je ne savais plus trop où j'allais, [...] je ne savais tellement plus ce que je faisais ».

Le voyage en train lui a paru interminable, mais lui a permis d'élaborer ses premières réflexions sur cette aventure qui, d'individuelle, devient collective. Il a pu d'ores et déjà apprécier le confort offert aux officiers, qui occupent des wagons-lits contrairement aux simples soldats, comme en témoigne sa lettre datée du 11 novembre, en provenance de Halifax : « Heureusement que nous étions dans un wagon confortable avec lit... Je ne voudrais pas être un soldat. La différence des conditions de voyage est vraiment trop accentuée entre soldats et officiers, et trop évidente pour les premiers pour qu'il n'y ait pas quelques protestations ». S'ajoutent ses observations sur Halifax :

Halifax est une ville qui semble bien terriblement ennuyante. À l'exception de son immense port où il y a un trafic maritime inconcevable, il n'y a rien. J'ai parcouru la rue principale dans toute sa longueur et je te dis que cela fait pitié. Cependant, le port et ses activités nous donnent notre première vision des activités de guerre.

Le port de Halifax est en effet le théâtre d'une intense animation. Le très vaste bassin intérieur de Bedford, long de cinq kilomètres, sert de principal point de rassemblement pour les navires, militaires ou marchands, qui doivent traverser l'Atlantique, de l'Amérique du Nord vers le Royaume-Uni. Car le voyage est périlleux. « La guerre sur mer ne connaît pas de répit […] et les voies maritimes du monde, surtout celles de l'Atlantique Nord, se transforment en funestes champs de bataille » (Anciens combattants du Canada). Les sous-marins allemands sont à l'affût, invisibles, et tout navire est susceptible de disparaître, victime d'une torpille. C'est ce qui arrive à un paquebot britannique sans défense, l'*Athenia*, coulé durant sa traversée en direction de Montréal dès les premiers jours de la guerre (Castonguay, p. 74-75). On a tôt fait d'adopter le système complexe des convois pour assurer un maximum de sécurité aux bateaux. De cette façon, un grand nombre de bâtiments, généralement entre trente et quarante, mais parfois jusqu'à une centaine peuvent circuler en groupe serré, encadrés par des navires d'escorte armés. Ce système, d'abord conçu pour les cargos, fut imposé également aux paquebots durant la période où la menace des sous-marins fut à son apogée. Ces derniers, incidemment, non contents de sillonner l'océan et le golfe du Saint-Laurent, mouillaient des mines à proximité des ports; celui de Halifax, bien entendu, fut gratifié de leurs largesses… à sa sortie, sur le trajet des convois.

On a peine à imaginer aujourd'hui le mouvement d'hommes et de bâtiments qui agite, en novembre 1941, le port que découvrent ces militaires fraîchement descendus du train. Les quais grouillent également de soldats et de marins qui vont et viennent en attendant le signal du départ.

Le gros des transports de troupes vers la Grande-Bretagne s'effectue sur des paquebots réquisitionnés auprès de différentes compagnies, de croisière ou autres, des plus gros aux plus modestes, transformés et maquillés pour être moins visibles. Qu'on pense à l'*Empress of Britain*, qualifié de « roi des mers » avant la guerre avec ses 42 348 tonnes, que les Québécois admiraient du haut de la terrasse Dufferin lors de ses visites régulières à Québec; à l'occasion d'un de ses passages à l'anse au Foulon, au début de la Seconde Guerre mondiale, il y fut réquisitionné et y passa deux mois pour être réaménagé et repeint en gris (*Ibid.*, p. 74-75). Même le majestueux *Queen Elisabeth*, en tenue de camouflage, servira six fois au déplacement de troupes, transportant 14 000 hommes à chaque traversée. Sur les eaux froides de l'Atlantique Nord, le confort varie grandement, néanmoins, selon que les navires utilisés sont équipés pour les mers du sud ou du nord... À partir de 1942-1943, une certaine proportion de troupes canadiennes s'embarquera à New York (voir Stacey, v. 1, p. 197-199). Selon les souvenirs de Marguerite, Clément fera la traversée en convoi.

Donc, à son arrivée à Halifax, ce dernier est dirigé vers son « domicile flottant », le *SS Orcades*, un paquebot britannique de 28 000 tonnes de l'Orient Line; la guerre terminée, ce navire reprendra ses croisières pour plusieurs décennies en Australie et en Nouvelle-Zélande, entre autres. Clément s'y trouve très bien installé, comme on le lit dans sa lettre : « Nous sommes sur un bateau très confortable, luxueux même et de fort tonnage de sorte que nous pouvons envisager une traversée confortable. Nous avons cabine confortable, salle de lecture, lounge, bar, etc. ». Voilà son lieu de résidence à Halifax, pour quelques jours, dans l'attente du signal de départ. Le bateau est à quai, ce qui permet aux militaires de circuler sur le port, dans leurs temps libres. Est-ce au cours d'une de ces promenades qu'il fait la rencontre de « Bi » Bastien ? Ce dernier, de son prénom Louis, est le frère de Jacques Bastien, le mari de Lucienne. Il est engagé dans la marine et Halifax est son lieu de travail puisque s'y trouve une des deux bases navales du Canada. Clément est tout heureux de le rencontrer et mentionne l'avoir trouvé en très bonne forme. Louis Bastien manifeste également sa joie. C'est un habitué des traversées, car il est commandant d'un dragueur de mines, tâche qu'il occupera pendant la majeure partie de la guerre. Il promet à Clément de «balayer» l'océan encore mieux que d'habitude. Il s'agit là d'un travail très périlleux effectué sur des bateaux de petite taille, souvent en bois pour ne pas attirer les mines magnétiques, comme le font les coques de métal; les dragueurs, qu'on appelle aussi «balayeurs» du nom anglais *mine sweepers*, ont pour mission de nettoyer la route en circulant autour des convois pour dépister les mines mouillées par les sous-marins allemands. Ces mines sont ancrées aux abords des ports canadiens et européens, camouflées sous six à dix pieds d'eau, mais certaines, arrachées par les tempêtes, dérivent un peu partout sur l'océan. Les marins du dragueur doivent neutraliser les mines avant qu'elles ne soient attirées par les navires du convoi. C'est le métier au plus haut taux de mortalité après celui de sous-marinier. Mais Louis Bastien, grâce à une chance inouïe, y survivra. On peut penser qu'il accompagnera le convoi de Clément, sur une partie du trajet tout au moins.

Désormais, la devise de Marguerite ainsi que tous les encouragements prodigués par Clément viseront à cultiver le courage pour vivre la séparation sans se laisser abattre, pour combattre l'ennui, la tristesse et l'inquiétude, et protéger la santé de la future mère durant sa grossesse. Clément se sent déjà loin de la femme qu'il aime et qu'il ne peut aider et soutenir tandis qu'elle porte leur enfant, qu'ils appellent d'ailleurs familièrement «Ti-Louis», sûrs qu'ils sont que toutes les familles commencent par des garçons... Tous deux prient le ciel d'être réunis à nouveau le plus vite possible.

En convoi

Après deux jours à Halifax, c'est le départ de Clément à bord du *SS Orcades*, le 13 novembre 1941. L'inconnu s'élargit aux dimensions de l'océan, avec la perspective de conditions climatiques rigoureuses, de tempêtes, de vagues atteignant jusqu'à trente ou quarante pieds de hauteur et de froid qui caractérisent l'Atlantique Nord à la fin de l'automne; sans parler de la glace qui se forme sur les structures et les mats des navires et risque de les faire chavirer si on ne voit pas au déglaçage régulier. S'ajoute aux dangers naturels, celui des sous-marins ennemis tapis dans l'obscurité profonde, menace sournoise de tous les instants dès qu'on s'éloigne du port.

En quittant le bassin de Bedford, les navires doivent parcourir à la queue leu leu le détroit qui, entre Halifax et Dartmouth, relie le bassin à l'océan, longeant les quais du port de Halifax; puis, à la sortie du détroit, contourner le bateau-phare, le *Sambro lightship*, qui leur sert de repère pour éviter les récifs et les hauts-fonds de ce secteur, avant d'atteindre l'océan. Ce phare, très précieux pour les navires alliés, le sera malheureusement aussi pour les sous-marins allemands qui le repèrent rapidement lors de leur exploration des côtes de la Nouvelle-Écosse à partir de 1942; pis encore, la ville de Halifax, ne se sentant pas directement menacée par la guerre, n'impose aucun black-out et brille continuellement de tous ses feux, ce qui, selon les archives allemandes, permet aux sous-marins de la détecter facilement à des kilomètres de distance grâce à sa lueur claire et brillante… Selon les mêmes sources, les sous-mariniers n'en reviennent tout simplement pas qu'un port aussi stratégique pour le départ des convois ne connaisse pas la discipline de la diminution de l'éclairage pour se rendre le plus invisible possible à l'ennemi... (voir Hadley, p. 253).

Les convois, de dimensions et de types variés, traversent l'Atlantique selon des routes variables dépendant de l'endroit où ont été repérés les sous-marins. Certains passent par les Açores, d'autres par la route du nord vers le Groenland et l'Islande; celle-ci est la préférée, car les sous-marins la craignent davantage. Les convois seront de plus en plus gros à mesure que la guerre avancera, souvent d'une trentaine à une centaine de navires, le plus important atteignant le nombre de cent soixante-sept; ils sont essentiels au transport de matériel militaire, qu'il s'agisse de véhicules, d'avions, de chars d'assaut, d'armement, de pétrole et de tous les produits de première nécessité ou commerciaux qu'on peut imaginer. Partis de ports aussi éloignés que Boston et le Nouveau-Mexique, tout comme de Sydney ou de Halifax, les divers convois se rejoignent et prennent leur position définitive le long des grands bancs de Terre-Neuve où s'ajoutent de nouvelles escortes. Il arrivera occasionnellement que des troupes fassent partie de convois de navires marchands.

Le convoyage s'effectue selon des règles strictes pour tenter d'échapper aux nombreux dangers de la traversée. On assigne aux navires une position fixe, dans des colonnes séparées entre elles d'environ un kilomètre, les vaisseaux se suivant à un demi kilomètre de distance; le tout forme un rectangle plus large que long, ce qui diminue la vulnérabilité aux attaques des sous-marins. Les transporteurs de matières dangereuses, comme le pétrole ou les explosifs, ou encore de troupes, à l'occasion, sont placés à l'intérieur du convoi de manière à être mieux protégés des torpilles ennemies. Puis, entre six et huit navires d'escorte, frégates, corvettes, destroyers, encadrent le convoi, le navire de commandement placé à l'avant et les autres sur les côtés et à l'arrière pour former un écran contre les sous-marins. Tous voyagent à la même vitesse, soit celle du bateau le plus lent. Les escortes conservent leur position tout en effectuant des zigzags pour maximiser les possibilités de repérer les sous-marins au moyen de l'ASDIC (voir le site du Centre Juno Beach). Des avions survolent également les convois, dans la mesure de leur rayon d'action, et reviennent ensuite à leur point de départ. Des avions britanniques feront de même à l'approche du convoi des côtes de la Grande-Bretagne.

Chaque traversée connaît un épisode de rencontre plus ou moins dramatique avec les sous-marins. Leur région préférée pour frapper est celle qu'on surnomme le « trou noir », c'est-à-dire la partie de l'océan que ne peuvent patrouiller les avions, au début de la guerre tout au moins, alors que les appareils ne transportent pas encore assez de carburant pour traverser l'Atlantique et doivent rebrousser chemin assez vite pour ne pas tomber en panne sèche. Il subsiste donc, au centre de l'océan, une zone non protégée du haut des airs, plus propice aux attaques. Lorsqu'une corvette ou une frégate repère un sous-marin, elle passe à l'assaut pour le chasser ou le couler si possible à l'aide de grenades sous-marines lancées depuis le pont du navire. Les sous-marins se tiennent souvent en groupe pour attaquer à la manière d'une meute de loups. Il arrive parfois que, voyant venir un convoi, ils se dissimulent en plongée, attendant le moment propice pour surgir soudainement au beau milieu des bâtiments; ils profitent ainsi d'un vaste choix de cibles. Mais la manœuvre est dangereuse pour eux aussi, car ils sont à ce moment entourés d'ennemis; et les cargos, qu'on armera graduellement tout au long de la guerre, tentent de les atteindre à leur tour, tandis que les bateaux d'escorte pénètrent à l'intérieur du convoi pour les pourchasser. On assiste alors à de furieux combats, les uns tentant de fuir et de se camoufler en plongeant, les autres les pourchassant tout en essayant d'éviter les marins à la mer et les débris des bateaux atteints. Il arrive aussi que les poursuites doivent faire place au sauvetage des hommes tombés à la mer, souvent gravement blessés ou brulés et recouverts d'huile. On verra un convoi d'environ soixante-quinze navires perdre la moitié de ses bâtiments dans une situation de ce genre. Par contre, d'autres traversées se déroulent sans incident majeur ou perceptible, tous n'ayant pas connaissance de ce qui se passe à l'autre extrémité du convoi qui peut occuper une surface de vingt-cinq milles carrés, les navires étant séparés par une montagne d'eau en raison de la hauteur des vagues.

Le déplacement en convoi implique de plus des règlements sévères, comme la noirceur totale et le silence radio. La nuit, les navires voyagent toutes lumières éteintes, il est même interdit de s'allumer une cigarette sur le pont de crainte d'être repéré par les sous-marins, qui profitent surtout de la nuit pour attaquer. Aux autres dangers s'ajoutent donc celui des collisions : on se guide à l'aide des radars et des sonars, et des vigies ouvrent l'œil le plus grand possible sur cet océan où l'on n'y voit guère. Même sévérité pour les communications par radio, le moyen le plus sûr d'être repéré par l'ennemi. En cas d'urgence la nuit, on se permet d'utiliser le morse à l'aide de projecteurs spéciaux. Le jour, si on se voit à l'œil nu, on peut communiquer par sémaphore, à l'aide de fanions manipulés à bout de bras. Et interdiction totale de jeter des ordures par-dessus bord, ce qui vaut immédiatement le cachot au délinquant; «par cela on comprend même les allumettes, car les sous-marins ennemis peuvent facilement identifier la trace d'un navire par le moindre rebut qu'il laisse dans son sillage» (Taschereau, p. 48).

Le transport méthodique de troupes en Grande-Bretagne représente donc à lui seul une importante organisation. La très grande majorité des soldats traverseront l'Atlantique à partir de Halifax sur des paquebots, beaucoup plus rapides que les sous-marins; en tout, on en utilisera près de soixante-cinq dont l'*Empress of Britain*, l'*Empress of Scotland*, le *Queen Elisabeth*, le *Queen Mary*, l'*Aquitania*, le *Mauretania*. Au début de la guerre, jusqu'à l'automne de 1942, on formera spécialement pour les troupes de petits convois rapides composés de deux à huit gros paquebots accompagnés d'escorte. « Le plus grand de ces convois fut le T.C. 15, qui se composait de huit navires transportant 14 023 hommes de tous grades, appartenant pour la plupart à la 5e division blindée, qui arrivait en Angleterre le 22 novembre 1941 » (Stacey, v. 1, p. 196). Selon le dossier militaire et la correspondance de Clément, cette date correspond exactement à celle de son arrivée en Grande-Bretagne; on peut logiquement en conclure qu'il effectue la traversée au sein du convoi T.C. 15. On apprend également au sujet de ce même convoi que « les États-Unis n'étant pas encore en guerre, des navires de guerre américains créaient un précédent en [l']escortant jusqu'au milieu de l'Atlantique » (*Ibid.*, p. 199).

À partir de novembre 1942, les paquebots transportant les troupes voyageront seuls, avec ou sans escorte, protégés par leur seule rapidité qui leur permet d'échapper aux sous-marins, et survolés par des avions au début et à la fin du voyage. En tout, « du 4 novembre 1939 au 8 mai 1945, près de 368 000 hommes et femmes en uniforme ont traversé l'Atlantique sur plus de trois cents vaisseaux, dont tous, sauf un, arrivèrent à bon port » (*Ibid.* p. 195).

Sur le SS Orcades

Lorsque le *SS Orcades* complètement maquillé de couleurs sombres entreprend sa traversée, le 13 novembre 1941, les militaires jettent un regard, le dernier pour longtemps, sur cette péninsule dominée par la citadelle, puis défendue par différents forts le long de la presqu'île et des îles qui ferment l'entrée de la rade. Ils contournent sûrement le *Sambo lightship* pour prendre la place qui leur est assignée dans le convoi, peut-être accompagnés du dragueur de mines de Bi Bastien qui balaie encore mieux que d'habitude... Puis, des navires de guerre américains prennent leur position d'escortes pour les protéger jusqu'au milieu de l'Atlantique. Ce sont tous des navires rapides, qui comptent sur cette qualité pour échapper aux sous-marins.

Comparativement aux normes habituelles, les navires sont bondés, et ce, de plus en plus à mesure que la guerre se prolonge. Ainsi, un bâtiment comme l'*Aquitania* qui accueillait 2 638 hommes dans des conditions plutôt luxueuses en 1939, en transportera 7 500 par la suite.

Il fut donc possible, au cours des premières traversées, d'offrir aux troupes un programme complet de gymnastique, de marches, de conférences militaires et de sports. Mais, à mesure que le besoin d'espace devenait plus impérieux, les navires prenaient un cachet sévère qui jurait avec le décor du temps de paix. Le moindre recoin contenait une couchette; les piscines, la plupart des salons et même une partie des cales se transformaient en dortoirs géants, tandis que les cabines de luxe à deux ou trois passagers renfermaient de dix à quinze couchettes. Dans les cales, les conditions étaient telles que beaucoup de soldats préféraient dormir sur les ponts. Mais, plus tard, l'accès des ponts découverts fut interdit pendant les heures d'obscurcissement. Sur les navires remplis à craquer, on ne pouvait servir que deux repas par jour. Les hommes se relayaient à table et attendaient leur tour dans d'interminables queues. Il devenait donc impossible de proposer aux troupes des programmes d'exercices et de divertissements. Heureusement, dans la plupart des cas, les traversées étaient courtes (Stacey, p. 199).

Durant la traversée, Clément écrit à Marguerite sans donner beaucoup de détails sur son installation. Il se conforme aux règles de la censure qui interdit de communiquer toute information qui pourrait servir de quelque façon que ce soit à l'ennemi, comme le nom du bateau, son tonnage, la route suivie, les conditions météorologiques, les installations sur le bateau, sa destination. « Ce que je peux dire, écrit-il, c'est que la traversée est très longue, excessivement monotone et ennuyante malgré que nous soyons confortablement installés et nourris et que nous soyons un beau groupe. » Clément est plus préoccupé par la douleur de la séparation que par le souci de faire de sa correspondance une chronique de voyage :

Tu ne saurais croire comment il me fait mal au cœur de penser que toi, la femme que j'adore, tu vas avoir un enfant qui est aussi le mien et que je ne serai pas là pour t'aimer, t'aider et t'encourager. Je sais aussi comment tu vas me manquer ma chérie en ces temps difficiles encore plus qu'en tout autre temps […] J'espère que la Providence en qui nous devons nous confier entièrement fera que ce soit le plus court possible. C'est là mon idée fixe mon beau Lou : puissé-je retourner à mon beau chez-moi au plus vite jouir de ta présence, de ton sourire, de ta tendresse et de ton amour ma Margot si aimée.

Il mentionne tout de même la rencontre de certaines de ses connaissances de Québec sur le navire; l'abbé Cloutier, quant à lui, voyage sur un bateau différent. La traversée se déroule dans des conditions convenables :

> *Malgré que les gens s'accordent à dire que nous sommes favorisés par la température, je t'assure que cela brasse parfois et que ce roulis et tangage continuels finissent par nous tomber dessus. Je ne suis pas de ces gens qui feront des croisières sur l'Atlantique Nord, tu peux être assurée de cela. Parle-moi d'un beau voyage sur la terre ferme! Toutefois je n'ai été aucunement malade ou indisposé et tous n'en peuvent dire autant. Je n'ai donc pas à me plaindre de ce côté. Et la traversée est sans incident aucun à date, nous en sommes tous bien heureux, il va sans dire.*

Son grade de lieutenant lui assure évidemment les meilleures conditions possibles dans les circonstances; à témoin cette petite pause dans son texte du 20 novembre : « J'interromps ma lettre maintenant pour aller prendre un *Afternoon tea* (4 hrs). Je te reviendrai. » Si Clément est avare de précisions, nous en apprenons plus par la correspondance, publiée plus tard, d'un lieutenant effectuant la traversée sur l'*Empress of Japan* en juin 1942 :

> *Le système de castes existant encore à cette époque, j'occupais, comme officier, une cabine de luxe sur le pont-promenade inférieur, mais je partageais cette cabine avec onze autres officiers du même grade. Un jour, où j'avais été nommé «officier du jour», mes devoirs m'amenèrent à visiter une partie du navire. Je dois avouer que j'ai écourté cette inspection, en raison de la surpopulation que j'ai rencontrée dans les flancs de ce négrier monstre. Mon sens olfactif n'en pouvait plus et je me demande encore comment*

il se fait que ces gens, des humains comme vous et moi, aient pu survivre à cet enfer (Taschereau, p. 48).

Un autre lieutenant, sur le *Queen Elizabeth* en mars 1943, décrit avec précision les conditions de son voyage :

> *[…] je suis bien logé, bien nourri (quoique deux repas seulement par jour, à 9 h 30 et à 6 h 30). Mais je me fais une provision de petits pains pour le midi. [...] Nous passons presque tout notre temps à jouer au bridge. [...] En tous cas, nous avons une belle salle pour officiers seulement. En ce moment, quelqu'un touche le piano, ça joue au bridge partout... Je remercie le Ciel d'avoir eu la chance de devenir officier; j'aimerais mieux mourir que de me voir soldat... les pauvres !* (Gouin, p. 44-45).

Le même auteur apprécie l'excellente nourriture qu'on leur sert sur le bateau, après celle du train qui l'incitait à s'exclamer : « Jusqu'ici, je mène une vie de millionnaire, et j'en profite. Les garçons de table ont reçu le mot d'ordre de nous servir royalement » (*Ibid.*, p. 43). Ou encore :

> *C'est surtout dans le train au Canada avant d'arriver au port que nous avons mangé royalement; pardonnez-moi l'expression, mais nous avions l'air de c... qu'on engraisse avant d'envoyer à la boucherie. Le garçon de table était un Canadien français d'une politesse incroyable à notre égard : « Gênez-vous pas, vous savez, bourrez-vous, vous ne mangerez pas toujours à votre faim là-bas ! » Et alors poulets, steaks, tartes, gâteaux, crème, etc.* (*Ibid.*, p. 57).

Enfin Clément s'exclame le 21 novembre 1941 : « Nous avons revu la terre ce matin. Tu ne saurais croire tout le réconfort et la joie que cela peut causer après tant de jours, même si c'est une terre étrangère... ». C'est en même temps la promesse de communications possibles : « J'ai bien hâte d'avoir de tes nouvelles, ma chérie, tu ne saurais croire comment, hâte de te lire, de sentir ta présence en quelque sorte à travers cette lettre aimée que je recevrai ».

À l'approche des côtes européennes, « des contre-torpilleurs ayant leur port d'attache au Royaume-Uni les accueill[ent] à la limite de la zone dangereuse que form[ent] les eaux des Îles britanniques » (Stacey, v. 1, p. 199). Il faut aller accoster le plus loin possible du secteur critique formé par le sud de l'Angleterre, la Manche et la Bretagne, région de la France occupée où les Allemands ont établi leurs bases de sous-marins : Brest, Lorient, Saint-Nazaire. Les convois se dirigent beaucoup plus au nord, passant au large de l'Irlande, souvent survolés par des avions britanniques à l'affût des sous-marins qui font des ravages dans ce secteur. La plupart remontent ensuite le plus long fleuve d'Écosse, la Clyde, qui se jette dans la mer d'Irlande et est pourvu de bassins ca-pables d'accueillir les nombreux navires chargés de militaires aussi bien que de marchandises. Le *SS Orcades* s'engage dans le vaste estuaire de ce cours d'eau jalonné de villes indus-trielles dont Glasgow, près de laquelle il accostera le 22 novembre 1941, au port de Gourock.

L'attente

Pour Marguerite commence la période d'attente. Cette séparation, estimée à plusieurs mois, est une épreuve pour le jeune couple. Marguerite ressent le vide autour d'elle, malgré la présence de sa famille et de celle de Clément. Elle vit au jour le jour et la pensée qu'elle porte l'enfant de celui qu'elle aime la réconforte; cet être à venir l'unit à Clément et marquerait à jamais sa mémoire si un malheur sur le front devait séparer définitivement les époux. Mais en réalité, elle n'a jamais douté un instant qu'il serait de retour pour accueillir la naissance de leur enfant. Le jour de Noël 1941 passé sans lui, et ce ne sera pas le dernier, lui apporte une courte missive sur la petite carte de vœux officielle du RCOC, carte de fantaisie doublée de papier retenu par un ruban marine bordé de rouge et portant la mention « No 1 OVERSEAS DETACHMENT, R.C.O.C. ». C'est la seule que Clément a pu trouver et il s'en excuse, mais son message n'en est pas moins significatif : « À mon épouse adorée, en souvenir d'un Noël à jamais mémorable pour sa tristesse. Bien amoureusement et fidèlement, ton mari Clément ».

Malgré tout, Marguerite et Clément demeurent confiants et optimistes. Ils s'écrivent continuellement, échangeant lettres et câblogrammes aussi souvent que la vitesse des communications le leur permet. Marguerite reçoit souvent des missives ouvertes par la censure. Rien ne peut être dévoilé donnant une quelconque indication sur la localisation, le mouvement, l'activité ou l'équipement des troupes. Elle ignorera, durant toute la durée de son absence, où se trouve Clément et la nature de ses activités. Ils échangent plutôt sur leur vie de couple séparé, sur la grossesse de Marguerite, les préparatifs de la naissance, la vie des familles au Québec; Clément lui répète souvent : « reste gaie pour que notre enfant ne soit pas triste… ». Marguerite adresse tous ses envois, lettres et colis, à la base canadienne d'Aldershot, en Angleterre, où le service postal de l'armée trie le courrier pour le distribuer ensuite à chacun, où qu'il soit dans le cadre de ses opérations. La distribution s'effectue de manière fort efficace. « Tous les informateurs soulignent la fiabilité du service postal. On sait que les armées [sont] particulièrement soucieuses d'acheminer rapidement aux soldats courriers et colis pour des raisons de moral » (Tremblay, 2006, p. 32-33). Il se produit toutefois quelques impairs : car il y a deux Clément Gauthier dans l'armée, dans des unités différentes… Les envois n'atteignent donc pas toujours le bon destinataire. L'autre Clément Gauthier profite souvent des colis de gâteries, en particulier ceux provenant de Charles-Auguste, et des lettres de Marguerite qui, dira-t-il, « écrit de bien belles choses à son mari ». L'avenir révélera que ce deuxième Clément Gauthier est l'époux d'une des cousines du premier Clément, raison grâce à laquelle le « pot aux roses » a été découvert.

Désormais, toute l'attention de Marguerite est canalisée vers la confection du trousseau du bébé. Les maux de cœur et les douleurs aux jambes lui donnent du fil à retordre durant les premiers mois de grossesse. En dehors des visites à ses parents qui habitent en face, elle sort peu, n'a pas le goût de voir ses amies, et fait de l'attente de l'enfant le centre de sa vie : se préparer à la naissance du bébé et écrire à son mari constituent ses principales occupations. Ses talents de couturière et de tricoteuse sont mis en valeur dans la réalisation des multiples pièces et accessoires requis pour l'entretien d'un poupon. Tout sera fait à la main. Les couches de « flannelette » sont taillées et cousues en forme de petites culottes à attacher avec de grosses épingles; ancêtres des couches d'aujourd'hui, il ne leur manquera que le velcro… Le lit sera habillé de draps et de couvertures, cousus ou tricotés, sans oublier les lourds piqués, entièrement fabriqués à la machine à coudre. La tenue de bébé comprendra de nombreuses robes de nuit brodées, attachées dans le dos. Les aiguilles à tricoter se font aller en cadence pour confectionner gilets, bonnets, pattes, combinaisons de laine, mitaines et foulards. L'enfant ne manquera de rien grâce à son industrieuse maman ! Mais par-dessus tout, la réalisation du trousseau de baptême se révèle un art : robe et jupon longs, en pure soie, avec broderie et appliqués de tulle, composeront une tenue princière, à laquelle s'ajoutent un manteau long et un bonnet offerts en cadeau par une amie de la future grand-maman Gauthier.

Marguerite ne se souvient pas avoir trop souffert du rationnement durant cette période. Les civils recevaient des coupons limitant notamment les achats de beurre et de sucre. Dans la famille Gauthier, on avait pris l'habitude de diminuer d'une cuillerée le sucre mis dans le café, de manière à en économiser pour l'envoyer à Clément; mais ce dernier leur écrit de n'en rien faire, les informant que les militaires ne manquent de rien : les civils sont plus privés qu'eux. Cependant, la vie en général est triste, et la tristesse affecte principalement les familles séparées d'un des leurs par la guerre. Tous s'efforcent toutefois de soutenir le moral des troupes en Angleterre. Les épouses des membres du Corps des magasins militaires (RCOC) se réunissent régulièrement. Elles tricotent des bas et préparent des colis pour que chacun reçoive quelque chose; cela en plus des tricots que Marguerite fait pour Clément, ces derniers étant toutefois en petite laine fine, plus douce que la grosse laine brute qu'il ne peut supporter en raison de problèmes de peau.

Les nouvelles de la guerre sont omniprésentes, mais très générales; les bulletins sont plutôt vagues, arrivant souvent plusieurs jours en retard : lorsqu'on apprend que les soldats sont à un endroit, ils sont souvent rendus ailleurs. Tout de même, on essaie de suivre tant bien que mal l'actualité. Peu après le départ de Clément, on entend parler des sous-marins allemands dans le Saint-Laurent. À l'annonce du désastre de Dieppe, des pertes canadiennes et des blessures du colonel Dollard Ménard, on s'inquiète vraiment en se demandant lequel des proches se trouvait parmi eux. Le courrier peut prendre deux semaines à se rendre à destination, mais les câblogrammes ne mettent heureusement que deux jours, ce qui est beaucoup plus rassurant. Lorsqu'on est plusieurs jours sans nouvelles de Clément, on sait qu'il se passe quelque chose. Les opérations du jour J et le débarquement des Canadiens en Normandie semblent toutefois avoir été rapportés sans trop de retard. Et on se réjouit de chaque annonce du recul d'Hitler. Depuis le début, tous attendent la fin de la guerre, qui se prolonge toujours; toutes les illusions d'une guerre courte se sont envolées avec le temps !

En Angleterre

Le port de Gourock où arrive Clément, dans le bassin de la Clyde, choisi pour des raisons de sécurité, se trouve loin au nord de la destination des militaires canadiens. En fait, ce point de débarquement près de Glasgow, en Écosse, est à environ cinq cents kilomètres d'Aldershot, situé au sud-ouest de Londres, où se trouvent la majorité des installations des bases canadiennes; ce qui représente un voyage d'une dizaine d'heures en train. Les autorités britanniques prendront en charge les troupes, du port jusqu'à leur zone de cantonnement. Les voyageurs prennent alors contact avec « la désolation, les privations et le black-out », traversant des régions où « tous les noms de villages avaient été enlevés […] pour dérouter les éventuels parachutistes allemands » (Auger et Lamothe, p. 198).

Selon le dossier militaire de Clément, il débarque le 23 novembre 1941. Ce jour-là, il écrit simplement à la suite de la lettre commencée sur le bateau :

> *Je suis allé à la messe ce matin et j'ai communié en union avec toi ma chérie, comme je t'avais dit que je le ferais. […] C'est bien réconfortant de se savoir réunis par la pensée comme cela à certains moments, n'est-ce pas mon amour. Tu ne peux imaginer tout le bien que cela me fait à chaque soir de lire religieusement ma belle prière écrite de ta main. Je suis tellement heureux de cela, il me semble que c'est encore comme si je la faisais avec toi.*

Il semble toujours à Gourock le 24 novembre, d'après la suite de la missive :

> *Il m'en coûte toujours de cacheter la lettre et je passe mon temps à ajouter des pages ! J'ai eu aujourd'hui une idée*

de certains résultats de la guerre. Avions de reconnaissance anglais passant comme des éclairs, barrages de ballons, quelques navires dont les mâts dépassaient pitoyablement de l'eau et des maisons partiellement ou complètement démolies par les bombes. Les dégâts ne sont tout de même pas aussi considérables que certains se l'imaginaient pour l'endroit. Je t'assure toutefois qu'il n'est pas long de constater que le peuple anglais y est bravement et fait sa part 100 %.

Finalement, le 25 novembre, il annonce : « Je suis maintenant rendu dans le nord de l'Angleterre mais ne suis pas encore installé de façon permanente. Écrirai bientôt. Je te laisse à la course pour maller cette lettre. Mille baisers et caresses. Ton petit Clem ».

À son arrivée à Londres, il se dirige vers le quartier général de l'armée canadienne pour se présenter aux autorités. Il y défile son curriculum, ajoutant qu'il est marié et que sa femme attend un enfant. Quelle n'est pas sa surprise de se faire répondre à peu près textuellement : « Mais, qu'est-ce que tu fais ici maudit fou ? Tu aurais pu attendre au pays que ta femme accouche avant de traverser… ». C'est ainsi qu'il apprend qu'il aurait pu être auprès de Marguerite pour sa grossesse et pour la naissance du bébé. Il n'en avait pas été informé et maintenant il est trop tard. La situation de guerre ne permet pas de corriger cette aberration.

Le dossier militaire de Clément révèle qu'il fait d'abord partie de l'Unité de renfort des magasins militaires à Bordon, dans le Hampshire. Il jouit d'un congé de débarquement du 5 au 11 décembre. Puis, le 15 décembre, il est affecté au détachement numéro 1 du RCOC, à Aldershot. Au cours des années de guerre, le Corps des magasins militaires connaîtra de grandes transformations selon l'évolution des besoins. Clément sera toujours discret sur son affectation et sur la nature de ses tâches. C'est seulement longtemps après la guerre, lors d'un voyage de tourisme avec Marguerite, qu'il lui fera visiter les lieux de son séjour de plusieurs années à Aldershot. Nous savons maintenant qu'il était installé dans un château, réquisitionné pour loger des militaires, principalement des officiers. Ce château était attenant à un immense terrain capable de contenir les milliers de véhicules de toute nature nécessaires aux opérations de l'armée canadienne.

Lors de son arrivée, les tâches du personnel sont extrêmement spécialisées. Il leur faut également connaître les techniques de combat étant donné la crainte de l'invasion de la Grande-Bretagne par l'armée allemande; ils peuvent être appelés à se défendre contre des parachutistes ou des colonnes de blindés. Avec le temps, les officiers et les sous-officiers d'intendance sont entraînés à différentes tâches, suivent toutes sortes de cours et sont déplacés d'une tâche à l'autre de manière à acquérir de l'expérience dans la majorité des responsabilités, à devenir compétents dans l'ensemble des fonctions de l'intendance (Rannie, p. 69-71).

Le Corps des magasins militaires (RCOC) est responsable de fournir absolument tout ce dont a besoin une armée en campagne : tant les provisions de nourriture, de vêtements, de produits hygiéniques, de matériel de tout genre, d'armes et de munitions, de véhicules, sans compter les pièces de rechange, d'huile et d'essence. Tout, des bas de nylon aux chars d'assaut, est de leur ressort.

Clément est, semble-t-il, particulièrement affecté aux véhicules. Son moyen de locomotion habituel est la motocyclette. C'est sur sa moto qu'il accompagne des colonnes de véhicules envoyés rejoindre les différentes unités, selon les exigences du moment. D'après Marguerite, il subira un accident lors d'un de ses déplacements au cours d'un congé : alors qu'il roulait sous la pluie, il perdit le contrôle de son engin. Lâchant alors les poignées, il s'envola dans les airs, évitant ainsi d'être blessé, tandis que la moto s'enroulait autour d'un arbre.

Les premières années en Angleterre sont marquées par la crainte d'une invasion allemande, par l'attente d'entrer en action, par la préparation à long terme d'un débarquement dans le nord de l'Europe, par le perfectionnement des méthodes de gestion des magasins militaires. Beaucoup de Canadiens s'impatientent du manque d'action. C'est ainsi que le raid de Dieppe fournira à une partie des forces canadiennes l'occasion de passer à l'attaque, avec le résultat désastreux que l'on connaît. Mais peu de détails nous sont connus des occupations de Clément, hormis certains cours de perfectionnement ainsi qu'un séjour à l'hôpital canadien numéro 8, entre le 3 et le 12 août 1943, pour des raisons qui sont inconnues.

La naissance

L'année 1942 voit la grossesse se dérouler sans aucun signe de retour de Clément, malgré les espoirs de Marguerite. Le 23 juin, à la date prévue, elle commence à ressentir des contractions; elle est à la fois très excitée et contente à l'idée de l'arrivée de l'enfant. Sa valise est prête, remplie de ses effets personnels, du trousseau de baptême et de la tenue de sortie du bébé. En fin d'avant-midi, Marguerite se présente à l'Hôpital de l'Enfant-Jésus en compagnie de Gabrielle, son fidèle ange gardien en l'absence du père. Cette dernière passera la journée entière avec elle, très stressée tout au long des heures de travail et de douleurs; le lendemain, d'ailleurs, elle se retrouvera plus malade que Marguerite, au lit avec une violente migraine. En soirée, Charles-Auguste, médecin à cet hôpital, vient les rejoindre pour soutenir à son tour Marguerite; il sera pour elle d'un grand réconfort et en sera quitte, le lendemain, pour des bleus pleins les bras tellement elle s'y sera accrochée durant ses douleurs. Quelques minutes avant l'accouchement, il s'apprête à sortir dans le corridor rejoindre Gabrielle. À ce moment, Marguerite, somnolente, tient son doigt; il glisse alors doucement le doigt de l'infirmière à la place du sien et s'éclipse. Quelle n'est pas sa surprise, peu de temps après, de voir passer l'infirmière courant à la recherche de l'oxygène : le bébé ne respire pas ! Charles-Auguste pense défaillir à la pensée de perdre le bébé : quel drame ce serait ! Quelle nouvelle à annoncer au père !

Pendant ce temps, dans la salle d'accouchement, une petite fille voit le jour à minuit et quinze minutes, en ce 24 juin 1942. La mère, à demi endormie en raison du chloroforme qu'on lui a administré, est peu consciente de ce qui se passe.

Louise aurait pu naître sans histoire, mais voilà qu'elle refuse de respirer, malgré les efforts du docteur Garant qui lui tape sur les fesses sans réussir à la faire crier. Devant le danger de mort, tandis que l'infirmière cherche l'oxygène, il décide d'ondoyer le bébé pour ne pas risquer qu'il meure sans baptême. Finalement, en désespoir de cause, il lui donne la respiration bouche à bouche; c'est ce qui sauve la vie de l'enfant. Grâce à la présence d'esprit du médecin, elle pousse ses premiers cris. Ce qui fera dire à Marguerite par la suite, tout au long de sa vie, que « Louise porte le souffle du docteur Garant ». Mais pour le moment, elle est absolument inconsciente de ces événements alors qu'on lui apporte sa fille, un beau gros bébé rose, en santé, de sept livres et demie.

Dès qu'elle le peut, elle fait envoyer à Clément le télégramme qu'elle avait préparé à l'avance, avec certaines corrections imposées du fait qu'il était rédigé au masculin pour annoncer l'arrivée d'un garçon… On peut y lire : « Fille née – Toutes deux très bien – Suis heureuse ». La réponse ne tarde pas : « Quel soulagement – Bonheur annonce naissance Louise – Dis-lui mon amour paternel ». Le prénom avait été choisi depuis longtemps, celui de Louis porté par les deux grands-pères, Louis-Ovide Gauthier et Georges-Louis Molleur; on n'eut qu'à ajouter un e final. La bonne nouvelle de la naissance se répandra grâce à un faire-part envoyé aux amis et à la famille, de même que par une rubrique rédigée ainsi dans un journal : « Le lieut. Clément-P. Gauthier et Mme Gauthier, née Marguerite Molleur, annoncent la naissance d'une fille Louise, née le 24 juin ». Clément fait passer une commande permanente chez un fleuriste : Marguerite aura des fleurs fraîches tout au long de son hospitalisation qui durera deux semaines, selon les normes en vigueur à l'époque.

Durant ces semaines de repos, on prépare le baptême qui doit être administré le plus tôt possible après la naissance, comme le veut la coutume établie afin de prévenir un décès sans ce sacrement. Car la religion catholique fait encore partie intégrante de la vie; en ces temps où la mortalité infantile est importante, on n'aurait pas voulu laisser un enfant mort sans baptême être privé du paradis et errer dans les limbes pour l'éternité. Cette coutume implique, par contre, l'absence de la mère à la cérémonie puisqu'elle ne peut sortir de l'hôpital.

Le baptême est fixé au 2 juillet, à l'église Saint-Dominique de la Grande Allée. Il sera particulièrement original du fait de l'absence d'à peu près toutes les personnes impliquées : celle de la mère, d'abord, celle du père à la guerre, évidemment : il sera remplacé par son frère Charles-Auguste. Quant aux parrain et marraine, c'est au frère de Marguerite, Gérald Molleur, et à son épouse Irène que les rôles sont confiés. Mais ceux-ci habitent dans la région de Montréal et ne peuvent se déplacer; est-ce en raison de la santé fragile d'Irène ou de la naissance de Pierre, leur troisième enfant, ou encore des restrictions sur les transports ? Bref, il manque aussi le parrain et la marraine qui seront remplacés par les grands-parents Molleur. Mais heureusement, le bébé y est, dans les bras de la porteuse, sa chère tante Gaby (Gabrielle). Louise recevra les prénoms de sa marraine et de sa mère, précédés de celui de Marie, comme toutes les filles.

On apporte finalement à Marguerite le certificat de baptême à vérifier pour les registres officiels, document passablement long et compliqué en raison de toutes les procurations. C'est seulement à ce moment qu'elle apprend les circonstances dramatiques qui ont présidé à la naissance, en lisant :

Le deux juillet mil neuf cent quarante-deux, nous prêtre soussigné, vicaire de cette paroisse, avons suppléé les céré-

*monies du baptême de Marie, Irène, Marguerite, Louise [...]. L'enfant a été validement baptisé à l'Hôpital de l'Enfant-Jésus, le vingt-quatre juin dernier par le D*r* Oscar Garant, à cause du danger de mort.*

Marguerite s'écroule alors en larmes, complètement secouée à la perspective de ce qui aurait pu arriver.

Dans le gynécée

Marguerite a porté et mis au monde seule son enfant, cultivant le vain espoir du retour de Clément pour la naissance. Elles sont maintenant deux pour attendre ensemble le retour du père. Désormais, la mère entourera de ses soins et de son amour sa nouvelle compagne de solitude. À la fois source de fatigue, d'insomnies et de préoccupations, comme tout bébé, Louise est également un baume sur sa souffrance, le signe tangible de l'union des époux, la présence dans l'absence.

Toutes deux forment une cellule familiale bien entourée. Dès la sortie de l'hôpital, Marguerite emmène la nouveau-née dans son gynécée, chez la grand-maman Gauthier, toujours au 131 de l'avenue Cartier. Dans la chambre de la mère attendent le petit lit entièrement habillé par elle et les robes de nuit brodées à la main. Là commence la vie de Louise entourée de femmes seulement : sa mère, sa grand-mère Eugénie et sa tante Gaby. Marguerite et Louise ne se quittent jamais : elles partagent la même chambre et la mère se réserve la totalité des soins du bébé, malgré son affaiblissement consécutif à la longue hospitalisation passée au lit; comme elle ne s'est levée que la veille de la sortie, elle a les jambes molles pour reprendre la vie courante ponctuée de nuits blanches. L'allaitement allait très bien durant l'hospitalisation, Marguerite disant qu'elle aurait pu nourrir toute la pouponnière. Mais de retour à la maison, son lait s'appauvrit avec la fatigue et, peu à peu, elle doit passer à l'alimentation mixte, puis au biberon. Grand-maman Eugénie, pour sa part, se charge de la tenue de maison : elle voit à l'entretien, aux courses et à la cuisine, avec un peu d'aide d'une jeune fille pour le ménage, une couple d'heures par semaine. Quant à Gabrielle, elle continue de travailler au gouvernement du Québec, au service de la démographie. Tranquillement se bâtit la routine quotidienne, marquée d'agréables promenades mère–fille; en effet, dès qu'elle le peut, Marguerite sort le carrosse, descend le long escalier, emmène le bébé sur les Plaines ou sillonne les rues du quartier. En fait, dès qu'elle s'absente, par exemple pour visiter ses amies, Louise l'accompagne. Elles vont aussi régulièrement chez les grands-parents Molleur qui habitent en face. Bref, l'enfant respire le grand air de son premier été, soit en promenade ou sur les élégantes galeries des Gauthier ou des Molleur. Puis le soir, à sept heures, c'est le biberon, et le dodo à sept heures trente. On ne sort jamais le soir : c'est la règle !

La maison offre la douceur d'un cocon où s'affairent trois femmes affectueuses. À part quelques visiteurs, peu de voix ou de visages masculins s'y profilent. Mais une photographie est en évidence sur le mur : un portrait de Clément en uniforme d'officier. C'est un rituel sacré pour Marguerite que de s'y arrêter régulièrement avec le bébé pour lui présenter son père, lui faire un brin de causette ou lui souhaiter bonne nuit. C'est ainsi qu'ils font connaissance; chaque jour, Louise échange un peu avec son papa de papier, le reconnaît; il a sa place dans son univers. Dès l'âge de deux mois, elle sourit à son portrait et son premier mot, à six mois et demi, sera « papa ». Il reste de ces instants de leurs rencontres virtuelles une photographie : celle d'un bébé vu de dos, au sortir du bain, à demi enveloppé d'une serviette, les cheveux encore mouillés; dans les bras de sa mère souriante, Louise semble en contemplation devant ce doux visage de militaire à l'imposante casquette.

Car des photos du bébé, il y en a ! Chaque mois, un photographe ami des parents, Benoît Sylvain, vient à la maison prendre une série de clichés; de cette façon, Marguerite peut en envoyer régulièrement à Clément pour qu'il voie grandir leur enfant. Et ainsi, de part et d'autre de l'Atlantique, les portraits permettent à deux êtres de prendre forme l'un pour l'autre et d'acquérir une vie par la force de l'imaginaire.

Les multiples occupations meublent le temps qui passe. Marguerite coud et tricote pour Louise. La guerre s'étire et les membres de la famille continuent d'envoyer à Clément des paquets contenant toutes sortes de produits, des cigarettes, des bas tricotés par son épouse, de nombreuses lettres. Noël approche. Pour Marguerite, la tristesse l'emporte sur la joie à l'idée que Clément sera absent pour le premier Noël de Louise et pour le deuxième de leur séparation. Elle écrit dans le livre-souvenir de bébé :

Ce Noël 1942 alors que Louise a six mois restera mémorable par l'absence de son papa qui défend outre-mer sa petite fille, son foyer, sa famille... Pauvre petite Louise, elle n'a pas goûté comme la plupart des petits enfants les tendres caresses d'un papa, tout heureux au réveil de prendre sa petite fille dans ses bras pour l'amener au pied de l'arbre [...] Pauvre papa aussi qui souffre là-bas! Et maman pendant ce temps s'efforce d'être gaie afin que sa petite fille ne la voie pas pleurer...

La famille organise tout de même une fête, la plus joyeuse possible, où Louise est entourée des grands-parents, des oncles et des tantes. Clément leur envoie un bouquet de roses rouges; et pour sa fille, un médaillon en argent en forme de cœur, ciselé sur une face, contenant sa photo et portant au dos cette inscription : « Noël 1942, à Louise de son papa en Angleterre ».

Déjà le cercle familial est tissé serré. Autour du bébé, avenue Cartier, c'est un privilège que de compter les trois grands-parents et la tante Gaby. À proximité, rue Fraser, la tante Lucienne et l'oncle Jacques viennent de donner à

Louise « en cadeau de Noël » un petit cousin, Pierre Bastien, né le 16 décembre; à compter du printemps, ils seront quatre pour faire leurs tournées dans le quartier et sur les Plaines : Marguerite et Louise, Lucienne et Pierre. À l'occasion ils seront même six, accompagnés par une voisine de Lucienne, Marie-Paule Duquet, et son fils Jean-Guy, né en janvier 1943. Quant à Pierre, il vient souvent chez la grand-maman Gauthier; il sera le premier véritable compagnon d'enfance de Louise.

Rue Saint-Louis, Charles-Auguste et Charlotte occupent les deux étages au-dessus du bureau du médecin; cet oncle est l'homme de la famille et, à ce titre, il veille aussi sur Louise en remplacement de son frère. Également à la haute-ville de Québec habite la famille de la tante Georgette et de l'oncle Arthur, dont la présence est inestimable. Georgette joue le rôle de grande sœur envers Marguerite et l'invite le plus souvent possible, en ville ou à leur chalet du lac Beauport. Et là Louise, entourée de ses trois cousins espiègles, Guy, Pierre et Robert, le petit dernier qui s'est ajouté le 18 février 1942, est comblée de distractions et de jeux. C'est chez eux qu'elle fait sa première sortie à la plage, en juillet 1943.

Évidemment, il y a aussi des mauvais jours, particulièrement lorsque la maladie frappe. À l'âge de dix mois, une sévère entérocolite affecte la fillette. Il s'agit d'une grave infection de l'intestin qui nécessite l'intervention assidue de son pédiatre, le docteur Donat Lapointe. En cette bienheureuse époque où on déplace peu les bébés malades, Marguerite n'a pas à emmener le bébé au bureau de la Grande Allée; c'est le médecin qui se déplace et vient prodiguer des soins personnalisés. Louise est très gravement atteinte, les diarrhées se succèdent dès qu'on tente de l'alimenter le moindrement. Le docteur parle de l'hospitaliser, ce qui se fait rarement pour les

bébés qu'on préfère traiter à la maison. Finalement, il fait
confiance à Marguerite qui est prête à soigner son enfant jour
et nuit, et il lui indique la manière de procéder pour recommencer à la nourrir goutte à goutte; quant à lui, il viendra les
visiter deux fois par jour, aussi longtemps que nécessaire. La
mère veille l'enfant avec toute la sollicitude dont elle est
capable. Lentement, Louise revient à la santé, mais il faut y
mettre le temps et la patience. Finalement, lorsque le danger
est passé, le docteur Lapointe avoue à Marguerite qu'il a bien
pensé perdre la fillette; voilà Marguerite en larmes après
coup, tout comme après la naissance, à l'idée que Louise ait
frôlé la mort de près encore une fois. En état de choc, elle est
accablée à la pensée de se voir annonçant à Clément le décès
de leur fille et d'en porter toute la responsabilité, peut-être
même d'en être blâmée… Elle trouve d'ailleurs bien lourde la
tâche d'élever une enfant seule. Heureusement, la santé de
Louise se rétablit, mais elle portera des séquelles de ce régime
alimentaire très sévère qu'elle a dû suivre pendant une longue
période.

Une galerie de portraits

Que reste-t-il aujourd'hui de cette période d'enfance en temps de guerre, au sein d'une famille éprouvée par l'absence d'un militaire ? Dans la maisonnée, c'est à la fois un père, un fils, un frère, un époux qui manque.

Peu de souvenirs concrets en subsistent. De la correspondance échangée durant plus de trois ans, seulement quelques lettres, cartes et télégrammes ont été conservés; ils datent du début et de la fin de la période. Entre décembre 1941 et août 1944, aucune lettre ne reste pour témoigner de l'expérience vécue de part et d'autre, Clément et Marguerite ayant décidé un jour de les détruire, les considérant comme un échange personnel qui ne concernait qu'eux seuls.

Ce ne sont pas non plus les souvenirs racontés qui restent. Au sortir de cette période trop douloureuse, les époux ont tourné la page. Leur vie de famille a débuté après la guerre : les souvenirs commenceront désormais là. Clément, en se retirant de l'armée active, enfouira dans sa mémoire les horreurs de la guerre et n'en reparlera plus. Seul un voyage en Angleterre avec Marguerite, bien des années plus tard, leur permettra de fouler les endroits qu'il a parcourus en ces heures sombres. Marguerite conserve toujours cependant la badine de Clément, de même que ses médailles militaires.

Non, ce ne sont ni des écrits, ni des paroles qui racontent, mais une galerie de portraits, échangés de part et d'autre de l'Atlantique. Il est émouvant de parcourir aujourd'hui les images conservées. Quel excellent photographe que ce Benoît Sylvain, ami des parents, qui venait périodiquement photographier la mère et l'enfant pour le bénéfice de Clément ! Et inversement, ce dernier envoya quelques photographies officielles, beaux portraits du militaire par un photographe de Londres, ou des photographies de son unité. Ce sont toujours les mêmes personnes qui défilent dans l'album : surtout Louise, souvent Marguerite, parfois les grands-parents et quelques autres membres de la famille, en plus des quelques photos de Clément. C'est ainsi qu'on devine un peu mieux leur vie, que le père et la fille se sont imaginés l'un l'autre.

On y voit par exemple un bébé potelé, aux yeux aussi ronds que les joues, le nez retroussé, la tête déjà bien garnie de cheveux dès les premiers mois; elle est vêtue d'une robe courte, bordée d'une étroite dentelle, comme son bavoir d'ailleurs. Parfois s'ajoute un chandail tricoté à la main, décoré de petits canards, semble-t-il. Au bras, la coquette porte un mince bracelet, et aux pieds, des bas également tricotés, dont les rayures sont repliées sur des chaussures blanches de cuir mou. Sa mère, toujours élégamment vêtue et coiffée, l'accompagne sur plusieurs clichés; sur l'un d'entre eux, toutes deux semblent particulièrement concentrées sur la photo du papa sur le mur, lui en habit d'officier à casquette, salué par sa fille enveloppée dans sa serviette de bain. On suit Marguerite et Louise : depuis la première sortie du bébé à un mois, coiffé d'un bonnet et enveloppé dans ses couvertures, ou en carrosse sur les Plaines, ou encore dans l'appartement de grand-maman Eugénie qui apparaît également, assise avec sa petite-fille sur les genoux. Même en hiver, le carrosse se fraie toujours un chemin sur les Plaines, promenant l'enfant au chaud dans son enveloppe et sa couverture de fourrure.

À mesure que Louise grandit, apparaissent les objets de sa vie active : le parc en bois où elle tente de se lever en se tenant aux barreaux, à genou sur le coussin garni de jouets qui en tapisse le plancher, souriante et absorbée dans son effort; ensuite, autre activité importante, le séjour sur la chaise d'aisance en bois où, à neuf mois, elle s'entraîne à être propre depuis longtemps déjà.

À un an, elle arbore une abondante chevelure bouclée et, sur une galerie, dans sa chaise haute également en bois, elle contemple sa première bougie d'anniversaire. Ce jour-là on a sans doute fêté, car on la voit, tantôt chez les Gauthier dans les bras de Charles-Auguste, tantôt sur la galerie des Molleur en compagnie d'Aurore et de Georges. Cette image de la fillette sur les genoux de mamie Molleur est la seule où on la voit en compagnie de ses grands-parents Molleur. Elle rappelle la petite grand-maman, aux cheveux tout blancs depuis longtemps, qui boitait et marchait avec une canne en raison d'une fracture mal guérie à la hanche. Comme on l'a vu, c'est ce qui avait amené Georges à louer ce logement au rez-de-chaussée de l'avenue Cartier.

Une autre anecdote, racontée par Marguerite, revient à la mémoire en regardant cette photo. Vers l'âge de deux ans, Louise s'est mise à boiter et à tomber en marchant. Au début, le médecin a pris la chose à la légère, disant qu'elle imitait mamie Molleur. Puis, voyant la situation se prolonger, il a finalement prescrit des radiographies pour découvrir que l'enfant faisait une décalcification du genou, conséquence de l'entérocolite qui l'avait affectée plus jeune. Il fallut l'immobiliser, à l'approche de l'été. L'idée d'un plâtre durant les grosses chaleurs ne souriait pas au médecin qui jugea que Marguerite était capable de garder Louise immobile... La mère dut donc occuper sa fille à des jeux tranquilles, comme la lecture et les casse-tête, à des promenades en poussette, à des « envolées de balançoires », et ainsi de suite. Louise pouvait marcher seulement une heure le soir. Le traitement réussit ! À la fin de l'été, elle pouvait courir et grimper seule les marches des glissoires du terrain de jeux.

Revenant à l'été de son premier anniversaire, en parcourant d'autres photos, on la voit sur l'une d'entre elles au moment où elle vient de laisser ses jeux pour aller se jeter au cou de sa mère. L'oncle Gérald Molleur, qui les accompagnait avec sa caméra, a croqué la scène sur le vif. La photo de cette accolade était tellement réussie que Gérald a demandé à Marguerite l'autorisation de l'envoyer à des revues, avec promesse de lui donner un exemplaire du numéro si jamais elle était publiée. Cet oncle était en effet un excellent photographe et ses clichés furent même parfois récompensés de prix. Quelle ne fut pas la joie de Marguerite, deux ans plus tard, de se retrouver avec Louise en page couverture de la revue *Le Samedi : le magazine national des Canadiens* (57e année, no 8, Montréal, 14 juillet 1945). La légende qui présente l'illustration de la couverture, « Une mère tenant tendrement son enfant dans ses bras », mentionne l'amour maternel comme un exemple des sentiments qui doivent animer les hommes au sortir de la guerre. Louise, quant à elle, semble déjà mettre en pratique cette suggestion à voir l'attention maternelle qu'elle voue à sa poupée sur les clichés de la fin de l'été 1944.

1944 en Europe

Les sanglots longs des violons de l'automne
Blessent mon cœur d'une langueur monotone.

C'est par ces vers de Verlaine que la radio de Londres, la BBC, annonce aux Français l'imminence d'un débarquement sur les côtes de la Normandie. Tous les soirs, la France libre, basée en Angleterre, dans son émission *La France parle aux Français*, diffuse des messages codés à l'intention de la Résistance. Ces vers sont envoyés séparément, à plusieurs jours d'intervalle. À la réception du second, c'est l'explosion de joie chez ceux qui en comprennent la teneur. Immédiatement, les résistants se mettent à l'œuvre pour exécuter les plans prévus par les Alliés et approuvés par le général de Gaulle, dont le sabotage des voies ferrées et des ponts pour empêcher les renforts allemands de rejoindre le front (Porte, p. 24).

Nous sommes le 6 juin 1944. Le commandement allié, après étude des conditions indispensables au succès de cette gigantesque opération baptisée « Overlord », avait conclu qu'elle devait se dérouler à l'aube, après une nuit claire pour favoriser l'opération aéroportée, et « à mi-marée de manière que les obstacles semés par les Allemands sur les plages soient visibles. […] Pour toutes ces raisons, le débarquement ne pouvait intervenir que dans les premiers jours de juin, le 6 au plus tard ». Après un mois de mai splendide, le mauvais temps s'installe toutefois sur tout l'ouest de l'Europe; la chaîne de dépressions, entraînant des vents violents et une mauvaise mer, empêche de respecter la date d'abord prévue du 5 juin. Se fiant sur des prévisions météorologiques plus favorables, Eisenhower prend la décision de déclencher l'opération à l'aube du 6 juin, malgré une mer encore démontée (Masson, p. 14).

La bataille de Normandie, qui amorce le rétablissement des libertés en Europe face à l'hégémonie nazie, a fait l'objet d'innombrables pages et images d'histoire; l'honneur en revient particulièrement aux troupes de combat alliées qui se sont élancées des barges de débarquement, dans l'eau jusqu'à la taille, pour prendre d'assaut les plages, sous les tirs des batteries ennemies situées sur les hauteurs avoisinantes. Ce qu'on sait moins, c'est que ce sont les « troupes de l'effort de guerre américain, britannique et canadien, dites de "l'arrière", qui, dans leur mission de soutien logistique, ont permis la victoire alliée de 1945 en Europe ». On parle ici de personnel comme les « chauffeurs, conducteurs d'engins, terrassiers, fourriers, magasiniers, ouvriers spécialisés, cheminots, chirurgiens, personnels médicaux » et bien d'autres, indispensables à la survie de ces hommes lancés sur les côtes. On estime généralement que « derrière chaque fantassin, marin ou aviateur placé en fer de lance dans la bataille de Normandie, puis dans la bataille de France, dix soldats dans l'ombre leur donnent toutes les chances d'atteindre les objectifs » (Benamou, p. 5). Sans parler des stratèges et ingénieurs de toutes catégories qui ont conçu la logistique de cet incroyable projet, la plus grande opération amphibie de tous les temps. Depuis neuf mois, se préparait activement le débarquement de Normandie à partir du Royaume-Uni, seul point de résistance occidental encore valide. Les îles Britanniques sont alors « si chargées de matériels et équipements de toutes sortes manufacturées au Royaume-Uni, aux USA et au Canada, que "c'est bien l'effet des ballons captifs antiaériens qui flottent en l'air par milliers qui les empêche de sombrer !". Trois millions de soldats sont répartis en d'innombrables centres d'entraînement constamment renforcés par l'arrivée incessante » de jeunes recrues, acheminées en de longs convois, particulièrement sur le *Queen*

Elisabeth et le *Queen Mary*. Les renforts et l'approvisionnement en provenance des États-Unis atteignent leur sommet au printemps de 1944 (*Ibid.*, p. 6-7).

> *Fin mai, tout le sud de l'Angleterre ressemble à un vaste camp retranché. Il y a là 2 millions d'hommes, 39 divisions et 19 000 véhicules, qui seront transportés par 1300 navires, mis à terre par 4000 chalands de débarquements, couverts par 1200 bâtiments de guerre et 11 600 avions, le tout précédé d'une vague d'assaut de 50 000 hommes qui débarquera sur un front allant de l'Orne à la Vire, tandis que trois divisions de parachutistes seront larguées sur les ailes est et ouest* (Kersaudy, p. 13).

Dans le plus grand secret ont été construits également, dans les ports de la côte sud de l'Angleterre, les éléments constitutifs des ports artificiels nécessaires au déchargement de tout cet équipement. Ces ports étaient composés de quais flottants, reliés à la terre par des chaussées flottantes. Le tout devait être protégé des vagues par des brise-lames formés de navires coulés ainsi que de caissons de béton de différentes tailles destinés également à être coulés de manière à former des digues; en attendant le jour J, ces caissons furent préalablement coulés dans la Tamise et sur des fonds sablonneux pour les camoufler aux yeux des Allemands; le moment venu, ils furent renfloués par pompage de l'eau qui les maintenait au fond. Le 6 juin, deux cents remorqueurs tiraient les éléments des ports en direction de la Normandie (Ferrand, p. 10-17).

Tout ce qui précède n'est destiné qu'à rappeler très sommairement et partiellement l'immense logistique requise par l'opération Overlord. C'est une imposante armada qui suit les navires transportant les troupes qui s'élancent à l'assaut des plages. Dès que les ports artificiels sont mis en place, les bateaux accostent et déversent sur les plages tout ce qu'on peut imaginer, des vivres et des munitions, aux camions et chars d'assaut, en passant par les treillis métalliques pour les pistes artificielles d'aviation et un oléoduc pour l'approvisionnement en pétrole des véhicules. Les chiffres pour illustrer l'ampleur du matériel transbordé défient l'imagination. Le tout répond aux exigences ainsi exprimées par Winston Churchill aux Communes : « Le ravitaillement est le sang vital de nos armées » (Bénamou, p. 10). On peut essayer d'imaginer l'enchaînement des opérations, depuis le déchargement des navires, d'abord, sur les plages d'Arromanches et de Saint-Laurent-sur-Mer, la constitution de nouveaux dépôts de matériel, le transport par camions en convois vers le front qui se déplace continuellement à la fois vers l'est et vers l'ouest; en passant par les retards entraînés par la « tempête du siècle » du 19 au 22 juin qui détruit complètement le port de Saint-Laurent non encore complètement sécurisé. Les fournitures et munitions doivent arriver « en quantité suffisante, au bon moment et au bon endroit, quand l'armée en a besoin. La variété est surprenante, allant de la brosse à dents au porte-chars, de la cartouche au radar aérien ! » (*Ibid.*, p. 10).

La Première armée canadienne prend une part active au débarquement de Normandie. Les Canadiens français qui en font partie se retrouvent sur un territoire familier du point de vue de la langue. Les Français, et plus tard les Belges, sont émus, paraît-il, d'entendre des soldats parlant français au milieu de cette marée anglophone; particulièrement les habitants de Bernières-sur-Mer, où sont débarquées les troupes canadiennes, en entendant les soldats québécois du Régiment de la Chaudière les délivrer en chantant *J'irai revoir ma Normandie* (Fallu, p. 163).

Durant ce temps, Clément est toujours en Angleterre. L'organisation des services des magasins militaires canadiens ayant beaucoup évolué avec l'augmentation du volume de matériel entreposé, Clément fait partie depuis janvier 1944 du Dépôt central des magasins militaires canadiens (1 CCOD), affecté à la compagnie de véhicules, où il sera promu capitaine. Œuvrant particulièrement dans le secteur des parcs de véhicules moteur, il participe aux opérations de transport de matériel et de véhicules depuis Aldershot vers un des ports du sud de l'Angleterre, probablement Southampton, où ils seront embarqués pour la France. Nous avons peu d'informations sur ses activités précises, sinon ce que Marguerite peut en raconter aujourd'hui : Clément, sur sa motocyclette, dirige des colonnes de camions de ravitaillement et de gros véhicules, parfois une centaine, en se guidant sur ses cartes géographiques, car toutes les indications routières et les identifications de lieux ont été enlevées, par mesure de sécurité. Il indique le trajet vers le port désigné et, à chaque intersection, s'arrête pour s'assurer que tous les véhicules prennent la bonne direction. Par la suite, il file le long du convoi pour en reprendre la tête. Les manœuvres sont particulièrement délicates la nuit, car, en raison du black-out, on roule tous phares éteints; seule une petite lumière éclaire au ras du sol.

Compte tenu de l'ampleur des quantités de matériel à transférer de part et d'autre de La Manche, de l'Angleterre à la Normandie, on peut imaginer que son emploi du temps, durant cette période, fut majoritairement consacré à cette opération, et tout au long de la bataille de la France; car ses dossiers nous indiquent qu'il se trouva en Angleterre jusqu'au 26 septembre 1944. Une autre des tâches du Dépôt central était de voir à l'étanchéité des camions, chars et autres véhicules qui devront avancer dans l'eau au sortir des barges de débarquement (Rannie, p. 101). En effet, ces véhicules doivent subir une préparation spéciale et être recouverts d'accessoires

140

étanches qui leur évitent d'être endommagés lors de leur sortie dans l'eau; à leur arrivée à destination, ils seront désétanchéifiés, « débarrassés de leur composition étanche en toile et mastic et autres accessoires de tuyaux de gaz d'échappement aériens » (Bénamou, p. 24).

Clément débarque à son tour en France le 28 septembre 1944. Il fait désormais partie des équipes de ravitaillement qui, en longs convois de camions et de véhicules lourds, sillonnent la France en un incessant va-et-vient entre les dépôts et le front qui se déplace vers l'est. Les distances sont de plus en plus longues et il arrive parfois que, le front se déplaçant trop rapidement, les colonnes de ravitaillement tombent en zone ennemie et que les militaires canadiens y soient faits prisonniers. À cette date, la Première armée canadienne se dirige vers l'estuaire de l'Escaut, aux Pays-Bas, qu'elle doit libérer afin d'assurer le contrôle du port d'Anvers, lui-même libéré plus tôt en septembre et essentiel à l'approvisionnement des Alliés dans leur avance vers l'Allemagne.

Le port d'Anvers, à 50 milles à l'intérieur des terres, est relié à la mer par un estuaire dont les abords, allant des deux rives de l'Escaut en passant par l'île de Walcheren, sont sous le contrôle allemand. La ténacité des troupes allemandes oblige les Canadiens à effectuer des opérations amphibies sur un terrain impraticable pour les blindés. À partir du 9 octobre, les Allemands retraitent et concèdent finalement la rive sud de l'Escaut le 3 novembre (Vincent, p. 116).

On peut supposer que Clément participe au soutien de cette bataille, d'après les dates de son passage en Europe. Marguerite confirme sa présence en France, en Belgique et en Hollande. Les terres basses de l'estuaire chevauchent en effet les frontières de ces deux derniers pays. Mais les ports du Havre et d'Anvers, récemment libérés, ne seront graduellement opérationnels qu'à partir du 9 octobre, pour le premier, et du 26 novembre, pour le second. Dans l'intervalle, le défilé des camions qui atteignent le front reprend en sens inverse pour retourner charger du matériel en Normandie. À partir du jour J, et jusqu'à ce que les ports aient été capturés et organisés, l'approvisionnement de l'armée d'invasion se fait par les plages où on aménage de vastes dépôts en plein air (Stacey, v. III, p. 662). À mesure que les Allemands battent en retraite, « les lignes de communication [s'allongent] et [deviennent] un sujet d'appréhension ». En août et septembre,

les dépôts principaux se [trouvent] encore dans le secteur de ravitaillement de l'arrière, à une distance d'environ 300 milles et il n'y [a] aucun dépôt intermédiaire de là aux centres avancés de ravitaillement des corps d'armée. Le principal problème [consiste] donc à approvisionner les troupes de l'avant au fur et à mesure de leur progression (Ibid., p. 664).

Quelques larcins se produisent également sur les territoires traversés où les populations manquent cruellement de tout. Clément en est lui-même victime en France, à un moment où il a quitté son véhicule pour un repas; à son retour, il retrouve son camion à l'envers, les quatre roues enlevées !

Le 29 octobre, Clément est de nouveau transféré et traverse encore une fois La Manche sur un navire où, selon Marguerite, il accompagne des prisonniers allemands en Angleterre. La question des prisonniers allemands constitue un autre problème d'ordre administratif en raison de leur nombre élevé. « Du 1er octobre au 8 novembre, la Première armée canadienne a fait, sur tous les fronts, 41 043 prisonniers. » (Ibid., p. 450) Clément retrouve son poste au Dépôt central des magasins militaires, dans la compagnie des véhicules. Il revient donc sain et sauf des opérations du front et aura traversé trois années de guerre sans coups ni blessures. À son retour en Angleterre, il va « parader » chez son commandant pour lui demander s'il ne pourrait pas obtenir un congé au Canada, étant donné qu'on n'a plus besoin de lui dans le nord de l'Europe.

1944 à Québec

C'est l'année des deux ans de Louise. C'est également une année où on retrouve de la correspondance conservée par les époux. En février, dans un échange de télégrammes, on apprend la promotion de Clément au rang de capitaine, suivie des félicitations de Marguerite. Deux articles de journaux, illustrés d'une photo, parus à l'instigation du Service des relations extérieures de l'Armée, à Québec, font part de cette nouvelle à la population. Ils contiennent sensiblement le même texte :

Le lieut. Clément-Philias [sic] Gauthier, présentement outre-mer, vient d'être promu capitaine. Le capitaine Gauthier est né à Québec en 1917 [sic]. Il est le fils de feu le docteur et Mme L.-O. Gauthier, de Québec. Il étudia au Séminaire de Québec et au collège MacDonald, près de Montréal. Il est bachelier ès arts. En 1937, il s'engageait dans la milice non permanente avec le service des magasins militaires (R.C.O.C.). En 1939, il était promu lieutenant, dans la réserve et, en octobre 1940, il passait à l'armée active. Enfin, en novembre 1941, il partait pour outre-mer, où il est resté depuis.

Le capitaine Gauthier s'est activement occupé des «scouts», et c'est lui qui fonda la troupe St-Georges, en 1937. Mme C.-P. Gauthier, son épouse, née Marguerite Molleur, demeure à 131, avenue Cartier, Québec.

Le 21 février 1944, Clément écrit pour la première fois à sa fille, sur une carte postale d'Exmouth où il semble avoir passé quelques jours de congé :

Ma bien chère Louise,

Ton papa sait bien que maman te dit bien tous ses bonjours et t'embrasse bien souvent pour lui mais il a décidé de t'adresser dès maintenant sa première lettre pour te dire comment il t'aime bien, a hâte d'être là pour jouer avec toi et t'embrasser. Donne un bon bec à maman pour moi.

Ton papa « à la guerre ».

Le 20 juin suivant, en prévision de son anniversaire, il lui écrit à nouveau, par voie de télégramme : « Meilleurs souhaits de fête et baisers de ton papa chère Louise. Embrasse bien maman pour moi. Dis lui comme je l'aime ».

Ces quelques échanges qui nous restent laissent deviner quelque peu la manière dont l'enfant a pu se forger l'image de son père, personnage abstrait qu'on voit sur des photos, à qui on prête des paroles, des sentiments, des aventures, comme il en existe dans les contes de fée, et qui apparaîtra un beau jour. On en a une bonne illustration dans la lettre datée par Marguerite du 13 août 1944, au retour d'un été passé à la campagne, au lac Beauport, chez Georgette, Arthur et les cousins Bédard. À cette occasion, on la sent triste et accablée par cette absence qui s'éternise : « Je te dis que j'ai hâte d'entreprendre la prochaine semaine pour avoir de la malle. Si tu savais comme je m'ennuie et me sens malheureuse. » Elle s'emploie alors à décrire à Clément les prouesses de sa fille :

Tu devrais la voir nager avec moi. Elle tend ses bras autour de mon cou et nous partons toutes les deux, elle ne pense même pas à avoir peur. [...] Je t'assure que tu auras du plaisir avec elle dans l'eau. Elle en parle déjà, tu sais, quand elle mentionne tout ce que son papa fera avec elle à son retour.

Suit ensuite un exemple détaillé des histoires concernant le père :

Les oreilles doivent pourtant te chauffer des fois et même souvent, car c'est souvent qu'on parle de toi toutes les deux. Un soir entre autres, il faisait chaud, elle ne semblait pas s'endormir. Elle m'a demandé d'aller s'asseoir sur son lit en me disant «viens maman t'asseoir avec Louise, on va parler» [...] Je me suis assise et je lui ai dit : «est-ce que tu veux qu'on parle de papa ?» et tout de suite elle a répondu un «oh oui» de contentement. Et j'ai fait semblant que je te téléphonais... j'aurais donné je ne sais quoi pour la prendre au ciné. Je faisais semblant d'avoir de la difficulté à te rejoindre et ses yeux s'attristaient, puis qu'on t'avait rejoint et que tu viendrais à l'appareil... là son petit visage était tout rayonnant de joie; et le jeu a continué sur ce train pendant quelques minutes, à te demander si tu mangeais à ta faim, si tu n'avais pas besoin de rien de spécial, si tu pensais que bientôt tu serais de retour. Puis c'était ton tour de t'informer d'elle, si elle était toujours gentille, etc...[sic] Je te dis que ce petit jeu de parler à papa a pris et que le lendemain soir elle voulait recommencer.

La lettre, fort éloquente sur les peines et espoirs de Marguerite, se poursuit avec les projets en prévision de l'automne : confectionner pour Louise un manteau en *camel hair* avec un petit col de velours brun.

Je le fais, dit-elle, avec l'espoir qu'elle l'étrennera pour ton retour ou... notre voyage en Angleterre !!! J'ai bien hâte que tu me parles de nouveau à ce sujet, mon grand chéri. Crois-tu que le jour de notre réunion se rapproche toujours ?

Excuse si ma lettre ne se rend pas plus loin, mais je ne me sens pas beaucoup en air, je t'assure. Je t'aime éperdument, m'ennuie de toi affreusement...

On peut penser que les événements survenus depuis l'été, soit le débarquement de Normandie en juin, suivi de l'avancée des Alliés en Europe et du recul de l'armée allemande, alimentent encore davantage le rêve de retrouvailles tant espérées. Car même dans leurs pires cauchemars, jamais les époux n'avaient envisagé une aussi longue séparation. Clément écrit moins souvent, car il semble débordé par les responsabilités qui s'accumulent. Après une campagne d'un mois sur le front de Belgique et des Pays-Bas, il occupe en Angleterre plusieurs fonctions simultanées « avec comme assistants des officiers non expérimentés [...] et comme hommes des types de toutes les armées retournés déclassifiés de France et d'Italie. Alors, j'en avais plutôt plein les mains », commente-t-il en suggérant que, contrairement à ce qu'on pense à Ottawa, il n'y a pas là-bas tous les renforts requis. C'est précisément en ce même mois de novembre 1944 que, pour pallier le manque d'effectifs,

> *le gouvernement de Mackenzie King force 16 000 conscrits pour la défense territoriale à servir outre-mer. [...] Lors de la Seconde Guerre mondiale, ils sont les seuls Canadiens envoyés en service outre-mer obligatoire. De ce nombre, 12 000 ont eu le temps de traverser avant la fin des hostilités, 2463 ont pris part au combat et 69 sont morts au front* (Vincent, p. 117).

Mais cette lettre de Clément datée du 18 novembre 1944 contient bien autre chose :

> *[...] puisque tout le monde annonce des nouvelles, voici la mienne. Assis-toi bien solidement ma chérie, prend ton émotion à deux mains et lis attentivement [...]. À ma surprise, mes efforts on été fructueux et bien reçus en hauts lieux, et à moins d'un changement de politique ou de situation imprévue je vais retourner au Canada... de fait on m'a donné « Top Priority » pour décembre. Avec beaucoup de chance je devrais être là pour les Fêtes, plus probablement en janvier.*

Je n'en peux dire plus ma chérie et j'ai à peine assez de nerf pour écrire. Qu'est-ce que tu dis de cela pour célébrer trois ans de séparation. S'il te plaît, n'y donne pas trop de publicité si tu es capable…!

De très près, tu pourrais presque voir quelques larmes sur cette lettre.

Ton Clément anxieux.

Le suspense

Le suspense n'est pas terminé pour autant. Toute la famille vit dans l'attente du retour de Clément; c'est l'automne et on espère intensément une réunion pour fêter Noël. Malgré la fébrilité, il faut continuer à organiser la vie quotidienne, comme, par exemple, veiller à la santé de Louise. Celle-ci souffre en effet assez souvent d'amygdalites accompagnées de fortes fièvres, au point où le docteur Lapointe suggère une amygdalectomie pour le printemps. Mais, devant l'imminence du retour de Clément, Marguerite juge préférable de procéder à l'intervention le plus tôt possible, avant l'arrivée du père, de manière à favoriser les retrouvailles familiales et l'adaptation de Louise à sa nouvelle vie. Et ainsi est fait ! Une trace en subsiste dans la correspondance : un télégramme de Clément à sa fille, daté du 9 décembre 1944 : « Félicitations opération réussie. Reste brave petite fille. Papa devrait arriver fin décembre, peut-être Noël. Amoureusement, Clément Gauthier ». Tout se passe bien, grâce aussi peut-être à une nouveauté médicale : l'apparition du premier antibiotique, la pénicilline.

Dans l'intervalle, la correspondance et l'envoi de colis se poursuivent. Chaque lettre parle maintenant de la date du retour, cette grande inconnue. C'est l'Armée qui organise le transport des militaires, selon les disponibilités des navires. La guerre se poursuit violemment en Europe et la gestion des traversées de l'Atlantique s'adapte à l'évolution de la situation et des besoins du conflit. Les militaires en attente d'un retour au pays ne peuvent que guetter anxieusement le signal de leur départ.

Les lettres se croisent dans un certain désordre, en raison de la bousculade des événements. Le 10 décembre, Marguerite accuse réception d'une avalanche de courrier : « Il y avait un déluge de malle venant de toi ! Tout le monde en avait et moi j'ai été particulièrement favorisée… Oui mon Lou, j'ai bel et bien reçu les échantillons des merveilleuses étoffes que tu as achetées et je ne m'attendais pas à une telle abondance de matériel… », allusion aux achats de tissus de laine, particulièrement des tweeds, que Clément affectionnait et choisissait lors de ses sorties en Écosse ou en Angleterre.

Tout le monde trouve cela [de] toute beauté. Et les teintes sont choisies avec tant de goût, mon amour, je t'en félicite, car ce ne sont pas tous les hommes qui peuvent se vanter [d']être capables d'acheter aussi bien au goût de leur femme. Je te dis mon Clem, tu es un mari dépareillé sur toute la ligne. Merci mille fois […] C'est un bien magnifique cadeau de Noël […].

L'espoir de Marguerite est à son paroxysme et nul doute ne subsiste dans son esprit quant à leur réunion pour un Noël en famille :

Je reste bien confiante que tu seras avec moi à la messe de minuit cette année, les billets sont même achetés, je t'attends dans la semaine du 17 décembre. Je me demande bien si tu n'es pas rendu au port à l'heure actuelle… […] J'espère bien, pour une chose entre autres, que tu ne passeras pas Noël là-bas, car il sera doublement triste, par le désappointement d'être encore là et par l'absence de paquets, car nous nous imaginons bien que les quelques paquets adressés en France ne seront pas de retour en Angleterre pour Noël. De plus quand nous avons su qu'il était grandement question que tu reviennes nous n'avons pas mallé le reste de nos paquets, entre autres la petite

surprise annoncée. Elle ne sera plus guère d'occasion pour
ici, toutefois. [...] À bientôt au 20 dans tes bras... j'espère !
Ta Margot qui t'adore.

À la vitesse lente où voyagent courrier et nouvelles, il est
parfois difficile de suivre les militaires en déplacement. Ainsi,
les cadeaux de Noël envoyés au début de l'automne en France,
alors que Clément participait à la campagne en Europe continentale, ont dû lui être réacheminés en Angleterre après son
retour à la base. Lui sont-ils parvenus un jour ? Certainement,
mais l'histoire ne dit ni quand ni où... Quant à cette lettre du
10 décembre arrivée trop tard, elle ne sera pas perdue à jamais ;
réexpédiée par le Field Post Office, elle sera reçue à Ottawa le
17 avril 1945.

Une autre lettre croise au même moment celle de Marguerite. En provenance d'Angleterre, datée du 6 décembre
par Clément, elle est moins euphorique que la précédente :

Les nouvelles ne sont pas trop bonnes dans le moment
pour ce qui regarde mon grand voyage ma chérie. Ne t'in-
quiète pas, ce n'est pas qu'il soit cancellé ni rien du genre,
mais il ne semble pas y avoir beaucoup de « batiaux » – ceux
qui devaient partir au début de novembre sont encore en
Angleterre de sorte que mes chances d'arriver pour Noël
semblent diminuer avec les heures qui passent. Ce serait un
bien gros désappointement pour nous deux n'est-ce pas,
mais toutefois il faut dire que le principal est de se retrouver
même si c'est le lendemain de Noël... es-tu de mon avis, ma
chérie ? – Quoi qu'il en soit je continue d'espérer qu'ils en
enverront deux groupes à intervalle rapproché dans un effort
pour voir un aussi grand nombre que possible de types chez
eux pour Noël. – Quoi qu'il arrive, je ne serai pas long à
paqueter mes petits lorsque le mot « go » arrivera, tu peux
me croire !!

Je réalise que ce n'est pas là une lettre bien intéressante, mais ce n'est qu'un petit bonjour que je t'adresse du bureau. À bientôt ma Margot, je t'aime follement et je brûle de l'envie de te retrouver dans mes bras pour te prouver mon amour. Ton Clem bien à toi.

D'espoir en déception, il faut vivre un jour à la fois. Une autre missive part d'Angleterre, le 10 décembre :

Ma Margot adorée. J'ai lu la semaine dernière ce qui est sans aucun doute la plus belle communication que je n'aie jamais reçue. Celle m'annonçant officiellement par écrit que je partais pour le Canada « on exchange scheme » [sur un plan de mutation] et que je devrais me rapporter à 2 hrs le 15. C'est le premier pas qui pourra être suivi d'interruptions et de désappointements passagers, mais avec de la chance cela me donne 10 jours pour passer par toutes les formalités et arriver chez nous pour Noël... C'est inconfortablement court, mais j'espère dur comme fer ma chérie – tout comme toi.

Après trois ans à vivre sur le terrain des hostilités, à côtoyer la peur, les souffrances des populations touchées, la destruction, les blessés et les morts, à posséder des souvenirs inimaginables pour les familles restées au pays, la perspective du retour fait naître une excitation mêlée d'anxiété. Clément appréhende un trop grand choc :

Je peux à peine m'imaginer ce que mes réactions seront, tu sais. Il y aura le bonheur, le bonheur si grand que cela fera mal et, si je me connais, qui me laissera en apparence froid et peu touché, te retrouver après si longtemps c'est indescriptible... être introduit à ma propre petite fille... les mots me manquent, puis maman et C.A. et tout le monde. Tu sais ma chérie j'ai affreusement peur d'avoir l'air gauche puis revoir tous les endroits si familiers et néanmoins si oubliés, ne te surprend pas ma chérie mais 3 ans + c'est

152

long… Je peux à peine m'imaginer mangeant de la crème à la glace chez Morency… et pourtant Dieu sait que c'est tout un sundae que je vais manger !!! – Je brûle de l'envie d'arriver ma chérie et des fois j'espère que tu seras seule pour me recevoir, la toute première réception s'entend, puis nous irions rencontrer les autres chez nous… Penses-y mon Lou mais j'ai peur que je ne sois pas capable d'envisager tous en même temps – C'est pour Louise que je suis incertain – Fais ce que tu croiras le mieux.

Le jour de Noël 1944 se passera finalement sans Clément. Une carte de souhaits parviendra à Gabrielle et à sa mère, et un télégramme du 25 décembre pour Marguerite : « N'arriverai que première moitié de janvier. Meilleurs vœux Noël, Nouvel An, toi Louise, famille. Amoureusement tien, à bientôt ».

Deux derniers télégrammes en langue anglaise viennent clore la saga. Le premier, sans lieu ni date, peut-être de Halifax, dans les premiers jours de janvier, se traduit ainsi : « Ai atteint Canada sain et sauf. Arriverai Lévis autour 10 h. lundi. Clément Gauthier ». Et le suivant, du 8 janvier 1945, de Rivière-du-Loup : « Salutations Stop Lévis lundi midi Stop Ton mari des plus anxieux. Clem ».

Nous savons aujourd'hui que Clément a fait la traversée sur le *SS Mauretania*, un navire sans trop de chauffage équipé pour les mers du sud, sans accroc malgré un retour des sous-marins allemands sur la côte Atlantique du Canada et des États-Unis à cette période; qu'il a accosté à Halifax le 7 janvier 1945. Le 8 janvier à 13 h 10, à la gare de Lévis, Louise faisait connaissance avec son papa.

À la gare de trains

Le matin du grand jour, lorsque le dernier télégramme reçu annonce l'arrivée du train à la gare de Lévis pour midi, l'émotion générale, contagieuse, gagne la fillette qui ne se tient plus d'excitation. Son père, l'homme à la casquette sur le mur, à qui on a tant parlé en jeux, arrive pour vrai, sur un train. Et elle est autorisée à aller à la gare en compagnie de toute la famille. C'est le grand branle-bas !

On imagine la scène, les préparatifs des femmes pour se faire belles, ne rien oublier. Louise apporte un dessin pour souhaiter la bienvenue à papa. Marguerite, pour sa part, a imaginé un stratagème pour introduire le père à sa fille : elle a acheté des jouets et divers cadeaux qu'elle a emballés en cachette et que Clément lui remettra pour l'amadouer.

Comme au départ de la gare du Palais à Québec, la famille au complet veut vivre ce grand moment, plus joyeux cette fois. Chacun s'organise pour faire le trajet jusqu'au fleuve et prendre ensuite le traversier vers Lévis. Tous sont là pour attendre le train en provenance de Halifax.

Comment se sent la fillette au cœur de cette agitation ? Prendre un bateau en plein hiver, à travers les glaces; se retrouver parmi la foule de parents et d'officiers militaires sur le quai de la gare; partager la tension qui se mêle à la joie… Elle va connaître pour vrai son papa, depuis le temps qu'elle l'attend. Dans les bras de maman, elle voit approcher lentement le train à vapeur, avec son bruit assourdissant; les roues immenses grinçant sous l'effet des freins. Elle a un peu peur au milieu de la foule qui se presse. Il y a des gens qui descendent, des bagages à la main, dont plusieurs militaires. Selon l'article du journal *Le Soleil*, le lendemain, intitulé « Six

Québécois arrivent à Lévis avec un groupe de rapatriés »,
parmi ces hommes ramenés de divers fronts de l'Europe

*le groupe descendu à Lévis comprenait cinq officiers et
neuf sous-officiers et soldats. La plupart ont été blessés à
l'action; les autres reviennent pour cause de santé ou pour
être affectés à d'autres fonctions. [...] Tous semblaient bien
portants et ne cachaient pas leur joie d'être de retour au pays
après une absence plus ou moins prolongée. [Parmi eux], le
capitaine Clément Gauthier, du Corps d'Ordonnance royal
canadien, revient au pays après un séjour de trois ans et
demi outre-mer. Il a participé à la campagne de France
jusqu'au début de novembre dernier, alors qu'il retourna en
Angleterre.*

Louise voit un homme en paletot kaki, coiffé d'un béret,
s'approcher de sa mère. Tous deux sont très souriants et s'em-
brassent avec beaucoup d'émotion. Puis l'homme recule un
peu, car l'enfant est aussi dans les bras de sa mère. Il veut la
prendre dans ses bras; elle se cache contre Marguerite et
pleure. Il lui parle avec son plus beau sourire, lui offre un
cadeau, puis un autre; elle refuse de les prendre, les redonne
à maman. Elle ne veut rien de lui. Elle ne le reconnaît pas, ce
n'est pas lui, ce n'est pas son papa de papier comme sur les
photos. Il lui fait peur, c'est la première fois qu'elle entend
cette voix, qu'elle le voit bouger. Cet homme sur le quai de la
gare n'est pas le même que sur le mur. Non, elle ne veut ni le
voir, ni l'embrasser. Ce n'est pas son papa de papier...

« Quand un soldat revient de guerre * »

Revenir de guerre n'est ni simple, ni évident. Quelle réadaptation pour tous ! Comme l'écrit Francis Lemarque :

Quand un soldat s'en va-t-en guerre il a
Des tas de chansons et des fleurs sous ses pas.
Quand un soldat revient de guerre il a
Simplement eu d'la veine et puis voilà…

Pour les siens, Clément ne semble pas profondément changé. Il n'est ni blessé, ni traumatisé, ni affecté extérieurement; simplement un peu plus sombre, plus grave qu'autrefois. Il n'a pas donné de détails à Marguerite sur les conditions de son congé pour ne pas altérer sa joie. En fait, le Canada est toujours en guerre, non seulement contre l'Allemagne, mais aussi contre le Japon. Clément jouit d'une permission de six mois au pays, dont un mois de vacances, et cinq de service sur place. Par la suite, si le conflit se poursuit, il devra retourner outre-mer.

Pour l'instant, l'heure est à la joie des retrouvailles. Le couple s'installe à nouveau dans son appartement de l'avenue Cartier, chez grand-maman Gauthier. Pour la première fois depuis longtemps, un homme s'introduit dans ce cocon essentiellement féminin. Mère, sœur et épouse partagent les mêmes sentiments de bonheur et de soulagement que Clément, comme on peut le sentir sur une photographie-témoin de cette période. Pour tout dire, seule Louise n'est pas au diapason.

---

* Paroles de la chanson de Francis Lemarque : *Quand un soldat.*

Voilà son univers tout chambardé ! Que fait ce père, un pur étranger, au milieu d'elles ? Dans sa maison, et, pire encore, dans leur chambre à maman et à elle ? Elle pleure son intimité perdue avec sa mère, a peur de Clément qui ne peut l'approcher et refuse de se trouver en sa présence dans la chambre à coucher. Les cadeaux présentés à la gare n'ont eu aucun effet : elle les a tous redonnés à maman, refusant de les accepter de ce père. Le premier soir, l'heure du coucher est désastreuse : Louise refuse d'entrer dans la chambre tant que Clément y met les pieds. Finalement, grand-maman la prend dans sa propre chambre, la berçant pour tenter de la consoler. Elles passeront ensemble la nuit entière et l'histoire ne dit pas si elles ont bien dormi.

Clément et Marguerite s'absenteront ensuite pour un petit voyage de quelques jours, laissant Louise à la garde de grand-maman Eugénie et de tante Gaby. À leur retour, voyant que le père semble là pour rester, l'enfant se résigne à le « tolérer »; mais elle se tiendra toujours sur ses gardes, réticente à l'accompagner seule en promenade et refusant ses cornets de crème glacée. Il faudra beaucoup de temps, presque une année, avant qu'elle perde sa méfiance et l'accepte complètement; en fait, cela ira à la naissance de Denyse, en novembre suivant.

C'est dans cette atmosphère familiale que se déroule la permission de Clément. Après le mois de congé, il est assigné à de nouvelles tâches « chez lui », soit... à Vancouver. À sa grande surprise, on l'envoie sur le front du Pacifique, dans le cadre de la guerre avec le Japon; lui qui avait signé pour la guerre en Europe, avant l'entrée en guerre du Japon, est fort déçu de la tournure des événements. Mais les ordres sont les ordres; Marguerite et lui ne veulent plus se séparer sitôt réunis et décident donc de déménager à Vancouver. L'endroit d'abord prévu pour son travail est Esquimalt, base navale de la côte du Pacifique à côté de Victoria; mais à son arrivée là-bas, il apprendra qu'il est affecté à Vancouver même.

La petite famille fait donc ses bagages et quitte Québec pour le Pacifique. Cinq jours de voyage en train sont nécessaires pour atteindre cette destination; cinq jours avec une enfant de deux ans et demi à occuper. Livres et casse-têtes étant très appréciés, ils constituent l'essentiel de l'emploi du temps, en dehors des repas et des dodos. Il faut aussi prévoir les couches pour la nuit. Faire le lavage des couches de tissu sur le train n'est pas de tout repos... Mais aucun obstacle n'aurait pu empêcher Clément et Marguerite de rester réunis.

Vancouver

Le jour de leur arrivée, au début de février 1945, Vancouver vient d'être déclarée « ville surpeuplée ». La présence de milliers de militaires sur les lieux n'est pas étrangère à cette situation. Dans la pratique, cela signifie que l'hébergement fait défaut et que les particuliers ne peuvent louer d'appartement. Les propriétaires de maisons qui le peuvent sont incités à louer des pièces pour répondre aux besoins. C'est en quelque sorte leur effort de guerre...

Clément, étant là pour son travail, aurait pu loger dans des quartiers militaires; mais il ne le veut pas. Marguerite et lui se mettent donc en quête d'une chambre. Ils en trouvent d'abord une, assez petite, qu'ils occupent quelques temps; mais ils manquent d'espace et Louise ne dispose que d'un lit de bébé à barreaux où elle est trop à l'étroit. On décide donc de partir à la recherche d'une autre demeure. Marguerite et Louise arpentent les rues de la ville à pied; la poussette n'a pas suivi dans le déménagement en train de sorte que Marguerite doit porter la fillette dans ses bras durant une partie des promenades. Finalement, on trouve une belle chambre spacieuse dans une grande maison à deux étages de style cottage, au 835, 10e Avenue Ouest. La propriétaire, une dame Hall, loge déjà plusieurs pensionnaires. La famille s'installe alors dans ses nouveaux quartiers, plus confortables; ceux-ci comportent en outre une immense garde-robe pourvue d'une fenêtre, qui sert de chambre pour Louise. C'est là que se passera tout le séjour à Vancouver.

Des liens se créent avec les autres pensionnaires, très attentionnés pour la jeune enfant qui vient d'arriver parmi eux. En particulier Barbara, une adolescente de quatorze ans qui s'empresse de jouer avec Louise dès son retour de l'école. Il y a aussi *uncle* Ed., un vieil homme qui travaille le bois et que Louise observe attentivement, invitée spéciale dans son atelier au sous-sol. Louise apprend quelques mots d'anglais et arrive à se faire comprendre dans sa nouvelle langue. Lors de ses sorties, elle prend contact avec des enfants du voisinage. Une anecdote est restée mémorable à ce sujet : un incident survenu alors que l'enfant jouait dehors, sans maman. Soudain, par la fenêtre, Marguerite voit Louise dévaler la côte, sur un tricycle emprunté à un ami. Hors de contrôle, la fillette se dirige tout droit vers le carrefour où passent les tramways. La mère sent le cœur lui manquer… Sortie en vitesse, elle aperçoit alors un petit voisin, qu'elle juge habituellement particulièrement détestable, s'élancer à la course et attraper Louise avant qu'un accident ne se produise. À partir de ce jour, le garçon entre dans les bonnes grâces de Marguerite pour avoir sauvé sa fille.

Mais tout ne va pas pour le mieux dans le meilleur des mondes. Marguerite est redevenue enceinte et, comme à sa précédente grossesse, elle ressent divers problèmes de santé, à commencer par les maux de cœur. Le régime de vie ne convient pas à son état, les habitudes alimentaires de la pension, notamment : on y sert un gros déjeuner le matin et un gros souper le soir lorsque les gens sont revenus du travail. Entre les deux, le midi, on se contente d'une soupe et d'un dessert. Or, enceinte, Marguerite mangerait cinq repas par jour pour satisfaire son appétit. Elle commence à dépérir, à faire de l'anémie; à un point tel qu'elle doit être hospitalisée pour subir une transfusion sanguine. Durant ce temps, ce sont les membres de la famille de la propriétaire et les pensionnaires qui gardent Louise durant la journée; le soir, Clément assure les soins, plus qu'à l'habitude, et Louise n'a d'autre choix que de se laisser apprivoiser par son père. De plus, le climat serait aussi défavorable à Marguerite, selon les médecins : se trouver au niveau de la mer lorsqu'on fait de la basse pression accentuerait encore le problème. De sorte que la future mère est « faible comme une feuille de papier ». Pour toutes ces raisons, on lui conseille de quitter Vancouver avec Louise et de retourner à Québec. Une nouvelle séparation est donc décidée à la fin d'avril.

Dans son état, envisager un autre voyage en train de cinq jours est au-dessus de ses forces. Quant à l'aviation civile, elle en est à ses balbutiements. De toute façon, Marguerite a déjà peine à le croire lorsqu'elle voit voler des avions; jamais elle n'aurait l'idée de se retrouver entre ciel et terre. C'est pourtant ce qui va se produire alors qu'elle s'embarque avec Louise pour les affres du voyage de retour dans un avion utilisé par des militaires où il reste deux places libres. Elles sont les seules civiles à bord parmi les dix passagers. L'hôtesse mentionne qu'elle n'a pas beaucoup de temps pour elles, car elle doit s'occuper des autres occupants qui sont aveugles.

Le départ pour le survol des Rocheuses s'effectue par un gros mauvais temps de pleine lune. Les conditions météorologiques obligent l'appareil à effectuer quelques atterrissages forcés. Le premier, une heure après le départ, offre à Marguerite la rare opportunité de découvrir un petit village de mineurs, isolé au milieu des montagnes. Ce qu'on ne peut désigner sous le vocable d'« aéroport » est constitué d'une piste et d'un réservoir de kérosène pour faire le plein des avions. Normalement, après le plein, les appareils repartent, mais pas cette fois, en raison du temps exécrable. On conduit donc maman et Louise au village de mineurs où elles devront rester... trois jours dans l'attente de meilleures conditions pour voler. Marguerite a oublié aujourd'hui le nom de cet endroit; elle se souvient seulement y être restée « avec son enfant, son argent et ses peurs… », sans oublier sa faiblesse. Il n'y a qu'une chose à faire : attendre. On ressort les livres de contes et les casse-têtes. Au moins, toutes deux sont logées et nourries aux frais de la compagnie, prenant leurs repas à la cafétéria.

On reprend finalement le voyage dans cet appareil bruyant à deux hélices où les occupants ressentent rudement poches d'air et turbulences, ce qui s'ajoute aux maux de cœur déjà ressentis par Marguerite et lui occasionne des vomissements. Au-dessus des Rocheuses, en haute altitude, il faut porter de temps en temps un masque à oxygène. Pour Louise, c'est un des rares souvenirs de ce voyage : la peur lorsqu'on lui met un masque sur le visage; elle pleure et refuse de le porter. À l'approche de Montréal, l'avion rebrousse chemin, car il fait trop mauvais pour y atterrir. Aux questions de Marguerite, on répond que l'atterrissage aura lieu là où le temps le permettra… C'est ainsi qu'on retourne jusqu'à Winnipeg. Cette fois, les passagères sont logées dans un hôtel, où on leur téléphone à toutes les heures pour s'assurer de leur présence. L'attente dure deux jours. Il faut croire que le mauvais temps voyage avec elles…

Après un nouveau départ, on annonce un autre arrêt à Toronto. Pour Marguerite, trop c'est trop ! Pour elle, il n'est plus question de reprendre l'air. Elle se présente au comptoir de la compagnie pour réclamer le remboursement de la dernière portion du voyage. Le reste du trajet s'effectuera en train ! C'est un voyage de nuit. On l'informe qu'il ne reste qu'une seule couchette, à l'étage : peu importe, répond-elle, « nous sommes assez fatiguées que nous allons dormir ! ». Et c'est ce qui se produit : toutes deux se couchent et s'endorment à poings fermés jusqu'à l'arrivée… à Montréal. Là encore s'imprime un autre des rares souvenirs de Louise : un employé du train, un homme en uniforme, à la peau noire, la prend dans ses bras pour aider sa mère à la descendre; encore là, elle a peur, hurle et se débat.

Mère et fille ne sont toujours pas arrivées à la maison... Il faut prendre un autre train pour Québec. Lorsqu'elles voient enfin le bout du voyage, Marguerite est tellement faible qu'elle « ne peut plus tenir une cuillère ». Cette fois, elles sont recueillies chez les grands-parents Aurore et Georges Molleur où la mère passe plusieurs jours au lit pour se remettre de ses tribulations. En effet, le médecin appelé à son chevet lui a ordonné dix jours de repos sans quoi elle risque de perdre le bébé. Par la suite, les voyageuses reprennent leurs appartements chez grand-maman Gauthier et se promènent d'un endroit à l'autre. C'est une nouvelle période d'attente du père, pendant laquelle la durée de la permission s'écoule. Si la guerre se poursuit, Clément devra retourner en Angleterre en juillet. Et la correspondance reprend.

Entre Vancouver et Québec

Tandis que la guerre persiste *à se moquer des serments d'amour*, quelle logique adopter pour accepter cette nouvelle séparation en pleine « permission » ? Comment expliquer un tel acharnement du sort sur ce couple qui a déjà tant donné, et justifier qu'on requiert à l'autre bout du pays un militaire en congé du front pour six mois après plus de trois ans d'absence ? Toutes ces questions doivent tambouriner dans la tête de Marguerite et de Clément au moment où ils sont une fois de plus arrachés l'un à l'autre. Ce dernier doit mesurer pleinement le sens de la petite formule inscrite sous sa signature, sur le formulaire d'engagement comme volontaire en juin 1941 : « I am willing to serve in the Canadian Field Force if, when and so long as required ». (J'accepte de servir dans l'armée en campagne, tant et aussi longtemps que nécessaire, là où ma présence sera requise.)

Le soir du départ de Vancouver, Clément est allé reconduire son épouse et sa fille à l'aéroport, mais n'a pu attendre l'envol de l'avion, car il n'aurait pas eu de moyen de transport pour le retour. Il y fait allusion dans une courte lettre du 2 mai 1945, qui accompagne quelques effets qu'il envoie à Marguerite :

> *Je pense toujours à toi ma chérie — je brûle de l'envie d'avoir plus de détails du voyage et surtout de ta condition dans le moment [...] Je ne puis m'enlever de l'idée l'impression que cela m'a fait de partir de l'aéroport ce soir-là. Si tu savais comme je l'ai regretté; j'aurais voulu rester, mais il m'aurait fallu marcher. — Au retour à la maison je suis resté dehors jusqu'à 3 heures a.m. pour vous voir passer — mais sans succès. — Je me sentais et me sens encore*

tellement seul. [...] Embrasse bien Louise que je manque [sic] aussi tellement.

Cinq jours plus tard, le 7 mai 1945, après plusieurs jours de fausses rumeurs, à 9 h 41 exactement (Blondin, p. 60), la radio annonce la capitulation de l'Allemagne et la fin de la guerre en Europe. Explosions de joie, euphorie, démonstrations bruyantes célèbrent la Victoire. On en trouve un exemple détaillé dans cette lettre d'une Montréalaise :

Déjà, à onze heures, la rue était pavoisée. Chez-nous, personne ne retrouvait les drapeaux serrés dans la cave par papa, alors je m'empressais d'aller au 5-10-15, en acheter quelques-uns, anglais, français, canadiens et de nouveaux dits « drapeaux de la Victoire » qui sont blancs avec angle de couleurs. [...] C'était amusant et excitant déjà, la circulation s'intensifiait et s'accélérait avec clameurs de joie et bruits de claqueson [sic] prolongés. Magasins et maisons étaient décorés déjà, où l'on procédait à l'étalage de banderoles et drapeaux. Déjà des petits enfants apparaissaient, drapeaux à la main, dans leurs cheveux ou leurs jouets, voiturettes, bicyclettes etc... [sic] Dans la rue, même spectacle, tous les camions, autos et bicyclettes étaient décorés de mille façons, à onze heures du matin, déjà ! [...] Tout le monde ou à peu près avait quitté son poste de travail bien que les autorités eussent demandé de travailler et de faire le lendemain grand congé officiel. [...] Un à un les magasins se fermaient et puis personne n'aurait voulu me servir, un jour pareil. [...] Cela dépassait encore toutes les célébrations de nos fêtes nationales précédentes. Je n'avais encore jamais rien vu de pareil. [Le soir,] toute la circulation de la rue Sainte-Catherine était interrompue, même les tramways. [...] Les gens marchaient de front sur les deux trottoirs et toute la largeur de la rue. Des papiers de toutes sortes jonchaient de plusieurs pouces d'épaisseur la chaussée encombrée. [Des spectacles étaient donnés] en plein air au parc Lafontaine, toutes choses mémorables, il me semble, et qui ne devraient pas se revoir d'ici longtemps (Ibid., p. 60-62).

À Québec aussi la population, qui n'avait jusque là rien appris de bien excitant depuis le début de la Seconde Guerre mondiale, se retrouve dans la rue pour un bruyant défoulement collectif. Le cardinal Villeneuve, archevêque de Québec, « sort de sa cathédrale pour entonner le *Te Deum* », prière d'action de grâces pour remercier Dieu de la victoire.

Rapidement, des citoyens venus des quatre coins de la ville se joignirent à lui, y compris des étudiants de l'Université Laval, du Séminaire de Québec et de l'Académie commerciale. [...] Pendant plusieurs minutes les cloches de la cathédrale et les sirènes de l'hôtel de ville ne réussissaient pas à couvrir les clameurs de la multitude qui remplissait chaque pouce de terrain. [Après les cérémonies officielles], les étudiants et des jeunes filles qui venaient apparemment des arsenaux de la ville, s'engagèrent sur la rue Desjardins, puis dans la rue Saint-Louis, criant leur joie et chantant la Marseillaise, le Ô Canada et je ne sais plus quoi. [...] Le cortège, qui comptait des centaines de manifestants, se dirigea par la suite vers le parlement, y entra sans frapper... et, toujours en chantant et en criant, prit d'assaut l'Assemblée législative alors inoccupée. [Ils y donnèrent libre cours] à leur effervescence avec une frénésie indescriptible. [Après avoir envahi la Chambre des députés], un grand nombre d'entre eux grimpèrent sur les pupitres. [...] Les manifestants, dont quelques-uns n'avaient pas plus de 14 et 15 ans, saisirent tout ce qui leur tomba sous la main. Ils commencèrent par faire main basse sur la paperasse laissée sur les pupitres : copies de projets de loi, de feuilletons et de procès-verbaux des séances, etc. Ils déchirèrent tout ce papier en petits morceaux et les lancèrent en l'air.

Après 48 heures de célébrations qui dégénèrent et n'ont plus rien de sympathique, la police doit faire publier un avis interdisant les désordres pour ramener enfin le calme dans la ville (Castonguay, p. 176-178).

Ce jour-là, Clément et Marguerite n'arrivent pas à se joindre par téléphone en raison du trop grand achalandage, mais ils échangent des télégrammes de réjouissance. Dans celui de Clément, envoyé en anglais de Vancouver, on peut lire, et je traduis : « Nous ne pourrons manquer d'être bientôt réunis, maintenant ». Les lettres des jours suivants sont plus détaillées. Déjà, le couple commence à rêver de la future installation familiale. Le 10 mai, Clément s'exclame : « La guerre en Europe finie c'est merveilleux pour eux surtout et aussi pour nous tous. – Nous deux c'est l'indice certain qu'une vie normale s'annonce… et il est à peu près temps aussi n'est-ce pas ! ». En effet ! D'autant plus que la « permission » de six mois doit se terminer en juillet. Tout retour en Europe est donc définitivement écarté. Mais les célébrations de la Victoire ne sont pas aussi exubérantes à Vancouver que dans l'Est, compte tenu de la guerre qui se poursuit toujours avec le Japon. Elles ne sont pas encore de mise pour les deux époux, toujours séparés.

Clément profite de ses jours de congé pour explorer la côte ouest et faire quelques excursions dans la région. Le beau temps est enfin arrivé :

Il faisait une température magnifique ici – telle que tu n'en as jamais vu durant ton court séjour pauvre chérie – […] Je suis allé à Deep Cove […] C'est un endroit absolument magnifique Margot, un vrai paradis sur terre […] le tout dans un décor absolument somptueux, végétation luxuriante, et le Pacifique et les Rocheuses [constituent] réellement un beau coin et j'y ai passé une journée des plus agréables – si seulement mes deux amours avaient été là et nous avons parlé si souvent de vous deux dans la journée – c'est en effet malheureux que tu n'aies pas eu la chance de voir le beau côté des choses pendant que tu étais ici – il faudra se reprendre et pour le mieux en ayant un beau petit coin comme cela tout à nous autres dans notre beau Québec n'est-ce pas mon amour.

Ce n'est pas tous les jours congé et, malgré les admirables paysages contemplés, la vie de travail continue. Toutefois Clément n'a qu'un objectif en tête, qu'il poursuit avec acharnement : être libéré de Vancouver et rejoindre sa famille.

Oui mon Lou, je vends encore des bons. Après beaucoup d'efforts j'ai atteint mon quota [...] Tout le monde est content et me félicite et maintenant que cela est presque fini moi je veux «sacrer mon camp» d'ici et je renouvelle mes efforts. [...] Dans une semaine, jour pour jour, ce sera notre quatrième anniversaire de mariage et si j'attends des nouvelles tout prochainement je ne vois pas réellement comment je pourrais être là à temps. C'est trop vite pour l'armée. C'est dire qu'après 4 ans de mariage nous n'aurons pas encore célébré un anniversaire ensemble. C'est bien terrible et injuste je crois pour ce qui concerne cette année mais combattre l'armée n'est pas chose facile. [...] Je te laisse ma chérie il est tard. Je prends Louise bien fort par le cou et lui donne les plus belles caresses. Et à toi de même ma Margot. Amoureusement et à bientôt j'espère. Clem.

La fête des Mères suit de peu le jour de la Victoire et Clément y porte une attention spéciale en faisant livrer à Marguerite, par commande télégraphique, des fleurs du fleuriste McKenna, avec ce petit mot : « Meilleurs souhaits pour le Jour des Mamans. À maman Margot que j'aime tant. Louise ». Il y revient dans sa lettre du 12 mai :

J'espère qu'ils vous ont envoyé de belles fleurs car je ne pouvais choisir et pouvais seulement dire des fleurs coupées ou des fleurs en pot !... J'avais surtout peur que les messages en français soient tout mêlés mais apparemment ce ne fut pas trop pire. Je suis sûr ma chérie que si notre merveilleuse Louise était assez vieille pour comprendre qu'elle serait toute heureuse que j'essaie d'exprimer un peu notre reconnaissance et amour en son nom.

Toutes mes pensées sont pour toi encore plus que jamais en ce jour ma maman modèle. Tu as à côté de toi le fruit de tes efforts et sacrifices ma Margot en notre Louise la plus fine et merveilleuse petite fille au monde, n'en doutons pas mon trésor et soyons bien sûrs que le petit frère ou la petite sœur qui s'en vient sera un trésor également enviable et contribuera de nouveau encore autant que Louise à aug- menter notre bonheur ma Margot adorée.

Le temps qui s'étire lui est insupportable et sa lettre en témoigne :

Si tu savais comme la chambre à 835 est vide sans vous deux. — J'en déménage demain pour le 1er étage pour faire place à un couple qui arrive et je n'en suis pas fâché la place me donne les bleus — et maintenant j'ai deux amours dont m'ennuyer...

J'attends des nouvelles ma Margot, plus ou moins patiemment. Les Q.G.'s ici ont demandé à Ottawa de hâter leur décision mais il n'y a rien d'autre à faire mon Lou, c'est l'armée, il faut attendre la décision et la fin de la guerre complique la situation et les laisse sans politique bien déli- mitée mais cela ne saurait tarder pour beaucoup plus long- temps ma chérie, ne perdons pas patience. —

Si Louise me demande à tous les jours tu peux te dire et peut-être lui dire que je fais de même et je brûle de l'envie de vous retrouver toutes deux dans notre petit home. [...]

Je mène ici la plus vide vie que je n'aie jamais vécue. Pas de femme, pas de connaissances, pas d'amis... Je vais au cinéma avec George, fais du français et latin avec Barbara, prépare toutes nos affaires pour un déplacement que je crois toujours immédiat, j'écris, je lis et me couche à bonne heure et ai beaucoup de trouble à me lever le matin, maintes fois un peu en retard comme tu peux l'imaginer. C'est à peu près tout ce que je peux dire de ma vie ici!!!

À bientôt ma chérie. Tous mes plus beaux bonjours et caresses à Louise que j'ai si hâte de retrouver et à toi que je brûle de serrer de nouveau dans mes bras mes plus follement amoureuses caresses. Mille baisers, Clem.

Sur le front de la bureaucratie

La situation de Clément à Vancouver est loin d'être satisfaisante. En quittant l'Angleterre pour sa mutation de six mois, il avait été rattaché au district numéro 5 (Québec), d'où il venait, et dont le dépôt était maintenant situé à Lauzon. Cette situation, soit celle de revenir à son point de départ pour sa permission, semblait des plus logiques. Par contre, son transfert pour Vancouver, un mois plus tard, en plus comme surnuméraire, avait causé une petite commotion, atténuée heureusement par le déménagement de sa famille avec lui.

Devant la détérioration de la santé de Marguerite, la déception s'est intensifiée. Dès le 19 avril 1945, Clément effectuait une démarche auprès du Bureau d'inspection et de reclassement des officiers, selon le rapport confidentiel contenu dans son dossier militaire. On peut y lire que le capitaine Gauthier a sollicité une rencontre avec le Bureau, car il n'est pas heureux de son affectation actuelle dans la région du Pacifique : il avait compris, lors de sa mutation au Canada, qu'il serait employé près de chez lui, autant que faire se pouvait. Or, on constate que, dès la fin de son congé de libération, il fut affecté au district numéro 11 (Victoria) et qu'il occupe depuis lors un poste de surnuméraire faute de place dans l'effectif de guerre territorial. À son avis, s'il effectuait un travail essentiel dans le service territorial, il pourrait comprendre la raison de cette affectation; mais, dans les circonstances actuelles, il considère qu'il pourrait tout aussi bien rendre des services équivalents plus près de chez lui, soit dans le district numéro 5. Une lettre à son dossier, en provenance du Service des magasins militaires du dépôt de district de la région du Pacifique, établit qu'une nouvelle affectation ailleurs ne causerait aucun préjudice aux opérations des services du matériel. En conséquence, le Bureau juge que le capitaine Gauthier est justifié de demander une nouvelle affectation au district numéro 5 (ou numéro 4, Montréal) et recommande de prendre sa demande en considération. Deux notes suivent, l'une selon laquelle il, aimerait compléter sa période de mutation dans le district numéro 5 (Québec) plutôt que dans le numéro 4 (Montréal); l'autre précisant que son épouse est malade et que pour cette raison supplémentaire, il tient à terminer sa période de mutation près de chez lui.

En raison des appuis du quartier général de la région militaire du Pacifique, Clément est confiant d'être rapidement transféré. Depuis le départ de Marguerite et de Louise, aux alentours du 1er mai, il souffre énormément de la séparation. Dans sa lettre du 12 mai, il dit tenir ses bagages prêts dans l'espoir de son départ pour venir les rejoindre. Nous sommes le 2 juin, et il est toujours au même endroit... Marguerite et lui viennent de se téléphoner lorsqu'il écrit :

> *Ton téléphone comme tu peux l'imaginer m'a fait beaucoup de peine ma Margot. Ta voix ne semblait pas aussi bonne que les autres fois j'ai cru et tu paraissais découragée [...] Ah je sais bien qu'il y a de quoi se décourager mon Lou mais il n'y a pas lieu de cesser d'espérer ma chérie. Je sais que ce mot dont nous avons vécu pour si longtemps commence à perdre un peu de sa valeur mais c'est la seule chose à laquelle nous accrocher ma Margot. Toujours ici l'on m'assure que je devrais retourner dans l'Est très prochainement et que la seule raison du délai est le fait qu'Ottawa est très occupé avec des centaines d'applications du genre et manque apparemment d'une politique bien établie. C'est bien piètre comme excuse je le sais [...].*

Clément étudie différentes avenues pour faire avancer les choses et effectue toutes les démarches qu'il croit utiles. Au même moment, il doit gérer une foule de demandes de démobilisation de la part des membres de son unité. La Défense nationale a prévu une série de critères auxquels sont attribués un certain nombre de points, dans le but de déterminer les priorités dans les demandes de démobilisation qui affluent. Clément effectue les calculs des *priority demobilizing scores*, comme il l'écrit lui-même. Il doit expliquer le questionnaire et le faire remplir par ses hommes.

Sur le mien j'ai indiqué que je voulais retourner à la vie civile et mon score est 179 de sorte que cela va prendre encore quelques mois avant d'arriver et ces mois-là je veux les passer dans mon district et non pas à Vancouver. [...] Dans le moment l'armée démobilise ceux qui ont quatre ans de service outre-mer avec six mois dans un théâtre d'opérations ou blessures – ou ceux qui ont quatre ans de service et ont plus d'un certain âge ou ceux qui ont un score de 180 ou plus. Cela c'est encore ma malchance moi et mon score [de] 179 – J'ai passé bien près de tricher...

Dans ses temps libres, il continue d'explorer les beautés naturelles de la Colombie-Britannique, particulièrement en bateau, regrettant de ne pouvoir le faire en compagnie de Marguerite. Il réfléchit à leur décision : « Nous avons sans aucun doute été bien malchanceux d'avoir à nous séparer de nouveau mais ce n'était réellement pas tenable pour toi ma Margot et je crois bien que si coûteux que cela ait été et soit encore pour nous que nous avons fait la meilleure chose dans les circonstances ». La lettre suivante du dimanche 3 juin, sur le même ton, déplore leur éloignement malgré le temps radieux et la nature en fleurs :

C'est tellement des journées insipides quand je sais que je pourrais avoir tant de plaisir et de bonheur avec toi et Louise.

J'avais pensé t'adresser une « night letter » ce soir pour que tu aies le bonheur de recevoir quelque chose lundi matin mais après réflexion je crois que je vais attendre à lundi au cas où il y aurait quelque belle nouvelle qui m'attendrait. — J'ai tous les doigts des mains et des pieds croisés — ai-je besoin de te dire !!!

Et tu peux dire à notre chère Louise qu'il n'y a rien au monde que j'aimerais mieux faire que d'aller au lac Beauport avec vous deux et jouer avec elle… Nous ferons cela cet été aussi n'en doute pas ma chérie.

Et le lundi matin :

Ce matin tout va bien ma chérie et je suis tout heureux de pouvoir dire que si je ne pars pas tout de suite l'affaire a toutefois fait un pas de plus. J'étais assuré de retourner dans l'Est… je sais maintenant assurément presque défini- tivement que c'est à Québec même que j'irai et très bientôt apparemment… J'étais si heureux que j'en aurais pleuré car si je ne l'avais pas dit j'avais une peur folle qu'ils m'en- voient retourner en N.S. ou N.B. ou quelque chose du genre ou même Montréal… Tout progresse ma chérie.

Pourtant, le 7 juin, Clément fulmine de colère et de frus- tration :

Voici que ce matin même, et je t'écris du bureau tout de suite après, j'ai reçu la plus mauvaise nouvelle depuis mon retour au Canada. Mon application de transfert à M.D.5 a été rejetée ma Margot. Je suis tout aussi démoralisé que toi, mais je t'en prie ma chérie continue à lire avant de pleurer de découragement.

Il est maudissant de remarquer que ce n'est pas Pacific Command ni National Defense Headquarters qui l'a rejetée, les deux l'ont approuvée, mais c'est bel et bien l'officier Commandant [de dépôt du district numéro 5].

Il n'y a pas de place disponible, selon le commandant Larose.

L'on m'assure maintenant qu'ils essaient de me trouver une place au M.D.4 Montréal. Cela serait mieux que rien mais ne me satisfait pas. Voici donc ce que j'ai l'intention de faire.

Je suis dans une position pour demander mon retour « to reserve status » [dans la réserve] et je vais faire cela et mon application devrait être acceptée. En plus et en même temps je vais demander à être attaché à N° 5 District Depot « on compassionate grounds pending return to reserve status » [au dépôt du district numéro 5 pour des motifs humanitaires en attendant mon retour dans la réserve].

Le combat reprend de plus belle, sur un autre front, dans l'espoir que la demande de retour au statut de réserviste, soit plus efficace, et ce, dans son unité de départ, soit le dépôt du district numéro 5 (Québec) situé à ce moment à Lauzon; pour ce dernier point, il invoque comme motif humanitaire l'état de santé physique et psychologique de Marguerite pour qui il serait néfaste de mettre au monde un second enfant encore seule, état qui nécessite la présence du père auprès d'elle. Il leur faut donc obtenir et acheminer des certificats médicaux, à la fois du médecin de Vancouver, le docteur Frost, ainsi que de ceux de Québec.

Dire que le ton de ma dernière [lettre] était optimiste, et fort justement d'ailleurs à ce temps-là. C'est comme cela que des rêves croulent. Ceci va représenter un autre délai mais ne veut nullement dire que nous devons perdre confiance crois-

moi ma Margot. Les gens ici m'ont aidé et m'aideront encore; si seulement [ceux] de Québec pouvaient en faire autant.

La lettre du 10 juin fait de nouveau le point sur leurs démarches, à la suite d'un téléphone de la veille. Clément abandonne l'idée de demander un retour au statut de réserviste, ce qui semble trop difficile à partir du front du Pacifique et serait plus facile à partir de Québec ou de Montréal. Il met l'accent davantage sur les motifs humanitaires pour une demande de transfert au district numéro 5 appuyée par les certificats que le docteur Frost doit lui fournir, tandis qu'Arthur Bédard se charge d'obtenir ceux des médecins de Québec. Il compte aussi sur la collaboration du colonel Dollard Ménard (le héros de Dieppe) de même que sur un message qu'il a fait parvenir à un certain Frank Findlay dans le but de faire changer la décision précédente du commandant de district.

De mon côté au cas où l'on tenterait de m'envoyer à Montréal, ce qui sera un gros pas mais ne me satisfera tout de même pas, j'ai écrit au col. Curmi, espérant que sa réception sera plus favorable que celle de Larose... voilà... En plus je crois bien deviner que tu as certaines cartes dans ton sac que tu ne m'as pas dévoilées ma belle chérie.

Je te remercie de tous tes efforts, non pas que je ne réalise pas que cela signifie autant pour moi que pour toi, mais parce qu'il fait si bon mon amour de se sentir si complètement aidé et supporté par son épouse et que c'est toujours tellement comme cela avec toi ma Margot adorée.

Tu voudras bien aussi exprimer à l'occasion mes remerciements à tous ceux qui nous aident d'ici à ce que je le fasse moi-même... de vive voix car n'en doutons pas ma chérie bleue nous allons réussir coûte que coûte. – Continuons à unir nos efforts et nos prières comme nous l'avons fait et ne perdons pas espoir nous allons réussir.

Dis à maman et à tous que d'une semaine à l'autre je me dis qu'il ne vaut pas la peine d'écrire et de m'excuser. [...] Mes baisers et caresses à Louise « et moi aussi je trouve ça bien tannant ».

Il termine en espérant pouvoir lui faire oublier tout ce par quoi il la fait passer.

Le 14 juin, il voit enfin une ouverture se présenter : « l'on m'a offert un transfert à M.D.4 pour entraînement comme *Salvage Officer* ». Il s'agit d'un poste d'officier du service de récupération (sans doute du matériel).

L'on voulait savoir si cela m'intéressait. Et j'ai dit oui... Montréal est toujours proche de chez nous et il sera toujours facile de continuer les transactions pour Québec de là. – De fait j'ai un ami dans Lt. Col. Curmi qui j'en ai aucun doute m'aidera certainement et je n'ai aucun doute que lui contrairement à Larose m'acceptera dans son district. [...] Le point est que d'ici je ne peux pas sortir de l'armée c'est très certain et j'espère être capable de le faire de Montréal ou de Québec. Si je ne peux pas sortir de l'armée, la position de « Salvage Officer » est à peu près ce qu'il y a de mieux. [...]

Voici donc ma Margot que de nouveau je m'attends à retourner dans « mon pays » d'une journée à l'autre. Là nous pourrons nous voir, concerter nos opinions avec celles d'amis et faire nos plans. – Ce n'est pas l'idéal, mais c'est beaucoup mieux qu'ici n'est-ce pas et j'ai bonne confiance qu'une fois rendu là tout s'arrangera pour le mieux.

J'apprécie bien tout ce que toi et Arthur et les Ménard font pour nous. [...] De nouveau je suis « on pins and needles » [sur des charbons ardents] et j'attends impatiem-

ment des nouvelles que je te communiquerai immédiatement par câble ou plus probablement par téléphone.

J'aimerais cela comme un fou si tu pouvais venir me rencontrer à Montréal ma chérie, si ce n'est pas trop fatiguant c'est-à-dire. Je m'arrange pour avoir quelques jours de congé avant de me rapporter à Montréal. Dieu que j'ai hâte de te revoir [...]

Attends des bonnes nouvelles très bientôt mon Lou. — Les officiers ici ont été bien chics et c'est à eux que je dois dire merci quand je partirai.

Ton Clem bien à toi.

Mes baisers à Louise.

Le soir du troisième anniversaire de Louise, le 24 juin 1945, avenue Cartier, Clément vient l'éveiller pour l'embrasser et lui offrir ses souhaits, avec un tricycle en guise de cadeau. Il est définitivement de retour auprès des siens.

En passant par Montréal

Clément est maintenant affecté pour tâches générales au Dépôt de munitions et de matériel numéro 4 du Corps des magasins militaires à Montréal. La famille déménage donc à nouveau à la fin du mois de juin. Heureusement, elle est accueillie chez le parrain de Louise, l'oncle Gérald Molleur, qui habite rue Elm, à Westmount, avec sa femme Irène et leurs enfants. La maisonnée comprend deux cousines, Jeanne et Louise, âgées de sept et six ans, de même que leur frère de trois ans, Pierre, né en janvier 1942. Les deux aînées des Molleur sont nées à Québec en 1938 et 1939, du temps où leurs parents habitaient rue Crémazie, au début de leur vie conjugale. Puis, la carrière professionnelle de l'oncle Gérald, ingénieur, a entraîné la famille dans la région de Montréal.

Bref, ces quatre enfants entre trois et sept ans, Jeanne, Louise (la grande), Pierre et Louise (la petite) font beaucoup de mouvements dans la maison des Molleur. Cette situation ne peut se prolonger très longtemps en raison de la mauvaise santé de tante Irène. Celle-ci tombe bientôt malade et Marguerite et sa fille repartent vers Québec, emmenant avec elles Pierre qui ira habiter un moment chez sa tante Yvonne, le temps que sa mère se rétablisse.

Voilà Marguerite et Louise de retour dans leurs appartements de l'avenue Cartier. Clément viendra les rejoindre sous peu, à la fin d'août 1945, si on en croit son dossier militaire. À partir de cette date, il est difficile de savoir où il travaille exactement. Il est rattaché principalement au dépôt numéro 5, à Lauzon, mais semble se déplacer aussi à Montréal par moments. La guerre avec le Japon s'est officiellement terminée en août 1945 après les bombardements atomiques d'Hiroshima, le

6 août, et de Nagasaki, le 9. Désormais, Clément sera chargé surtout de la récupération et du traitement des multiples articles militaires qui ne sont plus requis sur les champs de bataille ni pour la défense du pays.

En raison de ses états de service, dont 38 mois outre-mer, Clément sera décoré de cinq médailles : l'Étoile de 1939-1945, décernée en reconnaissance d'au moins six mois de service dans un théâtre opérationnel, remise à 305 000 Canadiens; l'Étoile France-Allemagne, qui récompense une présence en France, en Belgique, aux Pays-Bas ou en Allemagne, entre le 6 juin 1944 (jour J) et le 8 mai 1945; la Médaille de la Défense, qui reconnaît au moins six mois de service en Grande-Bretagne, dont la bande noire du ruban symbolise le camouflage des lumières (black out); la Médaille canadienne du volontaire 1939-1947; la Médaille de la Guerre de 1939-1945.

Clément remplit ses obligations et responsabilités pendant presque un an encore, le temps d'attendre son tour de démobilisation en fonction du total de points attribués selon les critères établis par l'armée. Cette étape administrative est en fait d'une complexité énorme en raison du grand nombre d'hommes concernés, qu'il s'agisse de soldats à rapatrier d'Europe et du Pacifique ou de ceux enrôlés au pays. Le 8 juillet 1946, il sera démobilisé de l'armée active et placé dans un corps de réserve d'officiers. Au mois de septembre de la même année, promu au rang de major, il prend le commandement du poste de Québec de la force de réserve des magasins militaires (RCOC).

Une vraie vie de famille

Automne 1945. Sept mois de grossesse ont passé déjà. Clément et Marguerite vivent toujours avec Louise chez grand-maman Eugénie et Gabrielle. Ils commencent à s'y sentir à l'étroit et à rêver d'une vie de couple autonome, d'autant plus que la venue prochaine du bébé exige de plus vastes espaces. Ils décident donc de faire le grand saut et de se chercher un logement, ce qui n'est pas chose facile après la guerre. On manque en effet de tout parce que les besoins de la population civile ont été relégués au second rang pendant le conflit. Le retour simultané d'un si grand nombre d'hommes vient également accentuer le problème. Les époux trouvent tout de même un appartement qui leur convient, à Sillery, dans un immeuble de deux étages, avenue Rousseau, à quelques rues de l'avenue Maguire. Le propriétaire, monsieur Jacques, occupe le rez-de-chaussée. À l'étage, le logis compte deux chambres à coucher, une grande cuisine, une petite salle à dîner et un minuscule vivoir. Dans la cuisine, une annexe à l'huile assure le chauffage des lieux. Un balcon complète le tout. Le paysage est assez bucolique dans cette banlieue de Québec : au bout de l'avenue Rousseau paissent encore quelques vaches...

Mais si les logements sont rares à ce moment, les meubles et appareils électroménagers le sont encore plus. Et malgré leur hâte de se retrouver chez eux, Marguerite et Clément ne peuvent s'y installer faute de réussir à dénicher une cuisinière électrique. Ils ont beau scruter les annonces classées dès la parution du journal, à chaque fois qu'il y a une cuisinière à vendre, elle s'envole aussitôt. C'est Louise qui va trouver la solution, du haut de ses trois ans. En effet, comme elle entend ses parents discuter du problème, elle le rapporte un jour à un livreur à peu près en ces termes : « Nous, on voudrait déménager, mais on ne peut pas parce qu'on n'a pas de poêle… ». Il semble que ces paroles ne soient pas tombées dans l'oreille d'un sourd; le livreur apprend à Marguerite qu'il connaît quelqu'un qui a une cuisinière à vendre à Lévis. Les parents s'y rendent immédiatement; après avoir examiné l'appareil, ils l'achètent et le paient sur-le-champ.

C'est ainsi qu'ils peuvent déménager en octobre 1945. Pour la première fois de leur vie, Clément et Marguerite installent leurs pénates dans leur propre domicile, au 41 de l'avenue Rousseau, appartement 2, à Sillery, voisins de leurs amis Thérèse et Jean-Marie Poitras. Les époux sont aux oiseaux de pouvoir vivre enfin chez eux ! Après plus de quatre ans de mariage, ils amorcent ce qu'ils considèrent comme le début de leur vraie vie de famille : deux parents avec bientôt deux enfants, unis dans leur projet commun de bâtir un foyer.

Le 5 novembre naît le bébé tant attendu par sa famille : une fille, Marie Charlotte Denyse. Clément a droit à un congé de paternité de six jours pour aider aux relevailles. À compter de ce moment, Louise semble comprendre que son père est là pour rester définitivement. Fascinée par sa nouvelle petite sœur, elle commence à veiller sur elle et à « aider » maman, premier apprentissage de son rôle d'aînée. On peut dire que l'arrivée de Denyse est l'événement fondateur de la vie familiale des Gauthier.

Grâce au colonel Curmi, Clément est revenu à Québec pour son travail. C'est aussi le colonel Curmi qui signe sa demande de démobilisation. Le 8 juillet 1946, Clément sera officiellement dégagé de l'armée active et placé dans la réserve des officiers. Il reçoit un montant de 100 $ comme allocation de vêtements civils, ainsi qu'une subvention pour « réhabilitation » équivalant à une paie de trente jours.

L'État a prévu une série de mesures pour favoriser la réinsertion sociale des militaires démobilisés, dont Clément aurait pu se prévaloir. Tout d'abord, il a droit à la poursuite de ses études universitaires au frais du gouvernement pour la durée du service accompli; mais Clément juge cette proposition non réaliste, avec deux enfants, et décide plutôt de se trouver un emploi pour subvenir aux besoins de sa famille. L'autre mesure mise de l'avant consiste à offrir aux démobilisés la possibilité de s'établir sur une terre, avec des prêts à des conditions très avantageuses pour cultiver ou partir une entreprise agricole. Là encore, Clément et Marguerite, des urbains depuis toujours, ne se voient pas vivre à la campagne à temps plein en gérant une ferme. Les statistiques ont d'ailleurs prouvé par la suite qu'on ne fait pas facilement un cultivateur avec un urbain... Le logement de l'avenue Rousseau convient bien mieux à leur mode de vie et à leur bagage culturel. Ils reprennent plutôt leur projet là où la guerre l'a interrompu : s'établir dans leur ville ou à proximité et y bâtir une famille. À la différence, toutefois, que la guerre aura mis fin à la poursuite des études universitaires de Clément et l'aura privé d'un début de carrière professionnelle.

Enfin, pour ceux qui doivent se chercher un emploi, le ministère des Affaires des Anciens Combattants a mis sur pied un service national de placement qui leur vient en aide et peut faire des recommandations après étude de leur dossier. Là encore, Clément déclare ne pas avoir besoin d'aide, ses plans étant déjà arrêtés : il entre comme gérant au service de l'Agence ABC, une firme spécialisée dans le commerce d'appareils électriques appartenant à Jean-Marie Poitras.

Le silence de la mémoire

Après cette longue parenthèse dans l'armée active, Clément reprenait sa vie de jeune homme avec ses rêves, mais pas tout à fait là où il l'avait laissée. Il avait maintenant vingt-neuf ans. Il avait connu des périodes d'attente et de bombardements en Angleterre, de même que la guerre en Europe avec ses souffrances et ses horreurs. Il avait vu mourir des compagnons, d'autres être blessés ou mutilés. Il avait côtoyé des populations affamées, déplacées, dans des villes détruites. Il avait également été témoin de bien des cas de favoritisme dans l'armée, ce qui avait très tôt détruit ses illusions et l'avait ancré dans sa décision de ne jamais « quémander un grade ».

À son retour, Marguerite le retrouva fidèle à lui-même, sans blessures physiques, animé des mêmes projets qu'en 1941, toujours amoureux, doux et tendre, mais plus sombre, plus grave. La guerre l'avait marqué intérieurement et ce qu'il portait en lui, nul ne le saurait jamais. À partir de la fin de la guerre, il tourna la page. Il décida de regarder en avant, de vivre ici et maintenant, de bâtir l'avenir. Il ne serait jamais un homme du passé.

En quittant l'armée active, il décida de rompre définitivement les liens avec elle. Il lui fallait reprendre pied dans une société qui n'était plus celle qu'il avait connue. Les jeunes restés au pays avaient continué de bâtir leur carrière et plusieurs de ses connaissances étaient déjà établies professionnellement. Il avait droit à de l'aide pour réintégrer la vie civile, il l'a refusée. Il ne voulait rien devoir à l'armée. À une époque où on avait encore une fierté à se débrouiller seul et où le gouvernement intervenait peu ou pas dans la vie des citoyens, il refusait de « vivre au crochet du gouvernement ». Il bâtira sa carrière par lui-même; après une courte période dans la vente à l'Agence ABC, il entrera comme directeur des ventes chez Deslauriers et fils, une entreprise de construction de maisons préfabriquées. Clément était très fier de ces maisons de belle qualité. Après la naissance de Marie, en 1948, le logement de l'avenue Rousseau étant trop petit, il profita des conditions avantageuses offertes au personnel de l'entreprise pour faire construire sa première maison, rue Charles-Huot, dans un nouveau quartier de Sillery. Tout en travaillant, il suivit des cours du soir durant plusieurs années jusqu'à l'obtention du titre de comptable agréé. Lorsque l'entreprise Deslauriers et fils fit faillite, il se retrouva en chômage et dut vendre sa nouvelle maison; c'était en 1951, après la naissance de Louis. À ce moment, les deux grands-mères venaient de décéder. Le grand-père Molleur, *daddy*, ouvrit les bras pour accueillir la famille dans son logement de l'avenue Cartier, lui cédant les meilleures chambres tandis que lui-même s'installait dans la chambre de bonne; la cohabitation avec un couple et quatre enfants ne devait pas être de tout repos… Et de fil en aiguille, la vie reprit un autre cours, Clément entrant dans une première compagnie d'assurance-vie, la Confederation Life, suivie des Prévoyants du Canada et, plus tard, de l'Assurance-vie Desjardins. Une nouvelle maison, rue Joseph-Vézina, à Sillery, vit grandir la famille qui s'accrût de deux autres enfants, Jean-François et Johanne; Clément progressa dans le mouvement Desjardins, jusqu'au sommet de sa carrière comme président-directeur général de la compagnie La Sauvegarde, à Montréal, où déménagea la famille.

En quittant l'armée avec le grade de major, Clément avait droit à une bonne pension d'ancien combattant de même qu'à des soins de santé au moment où, avec l'âge, la santé déclinerait. Là encore, il persévéra dans sa décision d'oblitérer l'épisode de la guerre en n'ayant plus de lien avec l'armée et ne demanda rien de ce côté non plus. Même à la fin de sa vie, lorsque se développeront des problèmes pulmonaires, il hésitera encore à demander de l'aide. C'est à l'époque où on commençait à comprendre que sa fibrose du poumon, la maladie d'Hamman-Rich, pouvait remonter à fort loin. Les médecins attestèrent alors que la maladie, qui avait couvé jusque là et se développait maintenant de façon incurable, trouvait son origine dans l'inhalation du gaz carbonique provenant des camions et autres véhicules que Clément accompagnait sur sa moto durant la guerre. Marguerite entreprit alors de convaincre Clément de demander de l'aide au ministère des Anciens Combattants; il y avait droit, après tout n'avait-il pas donné ses meilleures années de jeunesse à son pays? Et n'avait-il pas mérité, par tant de sacrifices familiaux, d'être aidé comme l'ont été des milliers d'autres, même certains qui étaient restés au pays et qui avaient très peu souffert de la guerre? Clément finit par accepter. Il fallut alors initier un dossier qui ne l'avait jamais été. Une quarantaine d'années après la guerre, la tâche était ardue. Les médecins fournirent les pièces justificatives, mais l'armée ne reconnut jamais sa responsabilité dans la maladie de Clément. Ce dernier mourut sans avoir reçu d'aide et c'est Marguerite qui poursuivit de laborieuses démarches pour avoir droit à une pension. Elle obtint finalement une mince rente en rapport avec les problèmes de pieds de Clément, mais jamais en lien avec la maladie qui l'avait emporté.

En mourant, Clément entraînait avec lui son secret dans la tombe. Jamais il n'a raconté ses souvenirs de guerre; il les a portés seuls. Quelles images lui revenaient à la mémoire? Aucun des membres de sa famille ne l'a su. À Marguerite non plus il n'en parlait pas. Comme des dizaines de milliers de

Québécois partis outre-mer comme volontaires, il a gardé le silence. Un silence qui s'est généralisé, provoqué probablement et partiellement par la difficulté de parler de choses aussi douloureuses. Mais un silence aussi favorisé par la société québécoise restée indifférente à cette expérience qui habitait ces « retours du front », une société incapable de les comprendre et tournée essentiellement vers l'euphorie d'après-guerre. Avec les années, les raisons d'entretenir le silence ont évolué, toujours aussi contraignantes, qu'il s'agisse du rejet du militaire, symbole de l'autorité anglophone dans une société de plus en plus nationaliste; du rejet de la participation à la guerre, comme d'un rapport entre colonisés et colonisateur; du rejet des valeurs collectives au profit de l'individualisme et de l'hédonisme. Il serait trop long ici d'élaborer sur les causes du silence de la mémoire collective des Québécois face à la participation de 90 000 Canadiens français comme volontaires à la Seconde Guerre mondiale, alors que les livres et l'enseignement de l'histoire du Québec sont restés muets sur le sujet, sauf pour faire du déserteur et des opposants à la conscription les héros de cette époque. Les vétérans ont été condamnés au mutisme dans une société où les valeurs des combattants ne cadraient plus avec le récit collectif, comme l'a analysé en profondeur Béatrice Richard qui conclut ainsi :

> Doublement rejetés aux marges de la mémoire québécoise, les combattants de Dieppe et d'ailleurs ont traversé ce demi-siècle dans la solitude, à la fois gardiens et prisonniers d'images insoutenables que personne ne voulait partager. Cette dialectique de la mémoire aura finalement servi la raison d'État, [...] en organisant l'amnésie collective notamment autour de la participation des Canadiens français à la Deuxième Guerre mondiale (p. 166).

Quant à Marguerite et Clément, ont-ils réussi à oublier la guerre au fil de presque cinquante ans de vie commune ? « Bien sûr que non », dira Marguerite, alors âgée de quatre-vingt-cinq ans. « On ne peut jamais oublier la guerre. C'était la première épreuve de notre vie. Et comme toutes celles à venir, elle nous a façonnés. La guerre marque… » Et si elle a fait de Clément un autre homme, peut-être a-t-elle fait de ce couple un autre couple, et leur a-t-elle insufflé la force d'affronter ensemble toutes les péripéties que la vie leur réservait par la suite…

BIBLIOGRAPHIE

PREMIÈRE PARTIE – DU CÔTÉ DES GAUTHIER

BÉDARD, Michel, «Préparez vos bagages, prochaine station, Everell au bord de mer», *Beauport Express*, 16 septembre 2006, p. 10-11.

BLANCHET, Danielle *et al.*, *Saint-Roch, un quartier en constante mutation*, Québec, Ville de Québec, 1987, 54 p.

DAGNEAU, G.-Henri *et al.*, *La ville de Québec : histoire municipale. IV. De la Confédération à la charte de 1929*, Québec, La Société historique de Québec, 1983, p. 174-175.

FALLU, Jean-Marie, *Le Québec et la guerre, 1860-1954*, Québec, Les Publications du Québec, 2003, xxxi, 205 p. (Collection «Aux limites de la mémoire»).

MORISSET, Lucie K., *La mémoire du paysage : Histoire de la forme urbaine d'un centre-ville : Saint-Roch, Québec*, Sainte-Foy, Les Presses de l'Université Laval, 2001, 286 p.

RIOUX, Denise, «La grippe espagnole à Sherbrooke et dans les Cantons de l'Est», *Revue d'histoire de l'Amérique française*, vol. 48, n° 1, été 1994, p. 116-117

DEUXIÈME PARTIE – DU CÔTÉ DES MOLLEUR

BRASSARD, Michèle et Jean HAMELIN, «Marchand, Félix-Gabriel», dans *Dictionnaire biographique du Canada, vol. XII, de 1891 à 1900*, Sainte-Foy, P.U.L., 1990, p. 754-758.

DIONNE, André, *Histoire des Demers, de 1617 à 1996*, [Laval, A. Dionne, 1996?], 328 f.

DIONNE, André, *Histoire des Molleur, de 1631 à 1996*, [Laval, A. Dionne, 1996?], 337 f.

DUMAS, Sylvio, *Les filles du roi en Nouvelle-France : étude historique avec répertoire biographique*, Québec, Société historique de Québec, 1972, xv, 382 p. (Cahiers d'histoire, n° 24).

LANDRY, Yves, *Orphelines en France, pionnières au Canada, les Filles du roi au XVIIᵉ siècle*; suivi de *Répertoire biographique des Filles du roi*, Montréal, Leméac, 2001, © 1992, 434 p. (Collection «Ouvrages historiques»).

MOLLEUR CHEVALIER, Juliette, *Les Molleur dit Lallemand*, [Québec (Province)], J. Molleur Chevalier, 1992, 79 p.

ROY, Léon, *Les premiers colons de la Rive Sud du Saint-Laurent, de Berthier-en-bas à Saint-Nicolas, 1636 à 1738*, tiré en partie de l'*Histoire de la Seigneurie de Lauzon*, de Joseph-Edmond Roy, Lévis, Société d'histoire de Lévis, 1984.

ROY, Pierre-Georges, *À travers l'histoire de Beaumont*, Lévis, s.n., 1943.

WEILBRENNER, Bernard, «Morel de La Durantaye, Olivier», dans *Dictionnaire biographique du Canada, vol. II, de 1701 à 1740*, Sainte-Foy, P.U.L., 1969, p. 509-510.

Troisième partie – En amour et en guerre

Dossier militaire de Clément Gauthier fourni par les Archives nationales du Canada.

Renseignements sur Louis Bastien fournis par Pierre Bastien, le 25 avril 2005.

ANCIENS COMBATTANTS DU CANADA, «Vaillance en mer. La marine marchande. Seconde Guerre mondiale», [en ligne], 1999. [www.vac-acc.gc.ca/clients_f/sub.cfm?source=history/other/sea/second] (Consulté le 19 décembre 2004).

AUGER, Geneviève et Raymonde LAMOTHE, *De la poêle à frire à la ligne de feu. La vie quotidienne des Québécoises pendant la Guerre '39-'45*, Montréal, Boréal Express, 1981, 232 p.

BENAMOU, Pierre, *10 millions de tonnes pour une victoire : L'arsenal de la démocratie pendant la Bataille de France en 1944*, Cully, France, OREP Éditions, 2003, 79 p.

BLANCHET, Danielle, Louise FORGET et Sylvie THIVIERGE, *Montcalm, Saint-Sacrement : nature et architecture complices dans la ville*, Québec, Ville de Québec, 1988, 75 p.

BLONDIN, Robert, en collaboration avec Gilles LAMONTAGNE, *Chers nous autres. Un siècle de correspondance québécoise*, tome 2, Montréal, VLB éditeur, 1978, 297 p.

CASTONGUAY, Jacques, *C'était la guerre à Québec 1939-1945*, Montréal, Art global, 2003, 189 p.

CENTRE JUNO BEACH, «Les convois», 2003. [http://www.junobeach.org/f/4/can-tac-con-fp.htm] (Consulté le 19 décembre 2004).

COLLECTIF CLIO, *L'histoire des femmes au Québec depuis quatre siècles*, Montréal, Le Jour, 1992.

FALLU, Jean-Marie, *Le Québec et la guerre, 1860-1954*, Sainte-Foy, Les Publications du Québec, 2003, xxxi, 205 p. (Collection «Aux limites de la mémoire»).

FERRAND, Alain, *Arromanches, histoire d'un port. Le port préfabriqué Mulberry*, Cully, France, OREP Éditions, 1997, 28 p.

GOUIN, Jacques, *Lettres de guerre d'un Québécois (1942-1945)*, Montréal, Éditions du Jour, 1975.

HADLEY, Michael L., *U-Boats againts Canada. German Submarines in Canadian Waters*, Montréal, McGill-Queen's University Press, 1985, xxii, 362 p.

«Historique des corps-écoles d'officiers des universités. Le C.E.O.C. de l'Université Laval», *Memorandum sur l'instruction de l'armée canadienne*, no 71, février 1947, p. 30-32.

KERSAUDY, François, «Comment on en est arrivé là», *Historia : Les soldats de la liberté*, no 89, mai-juin 2004, p. 6-13.

LAFONTAINE, Gilles, *L'Université de Montréal et sa participation à la Deuxième Guerre mondiale*, mémoire de maîtrise, Université de Montréal, 1985, vi, 188 p.

MASSON, Philippe, «Ce n'était pas gagné d'avance», *Historia : Les soldats de la liberté*, no 89, mai-juin 2004, p. 14-15.

MOLLEUR, Marguerite, «L'amour, la guerre, un enfant», texte dactylographié, 199?, 1 p.

PORTE, Rémy, «Opération Overlord», *Historia : Les soldats de la liberté*, no 89, mai-juin 2004, p. 22-29.

RANNIE, William F., dir., *To the Thunderer His Arms. The Royal Canadian Ordnance Corps*, Lincoln, Ont., W.F. Rannie Publ., 1984, 360 p.

RICHARD, Béatrice, *La mémoire de Dieppe : radioscopie d'un mythe*, Montréal, VLB Éditeur, 2002, 205 p. (Collection «Études québécoises»).

STACEY, C.P., *Histoire officielle de la participation de l'Armée canadienne à la Seconde Guerre mondiale*, vol. I *Six années de guerre. L'armée au Canada, en Grande-Bretagne et dans le Pacifique*, Ottawa, Imprimeur de la Reine, 1957, xiii, 652 p.

STACEY, C.P., *Histoire officielle de la participation de l'Armée canadienne à la Seconde Guerre mondiale*, vol. III. *La campagne de la victoire. Les opérations dans le nord-ouest de l'Europe, 1944-1945*, Ottawa, Imprimeur de la Reine, 1960, xiii, 837 p.

TASCHEREAU, Gabriel, *Du salpêtre dans le gruau. Souvenirs d'escadrille, 1939-1945*, Sillery, Septentrion, 1993, 342 p.

TREMBLAY, Yves, «Chronique d'histoire militaire. Quelques problèmes nouveaux et moins nouveaux», *Bulletin d'histoire politique*, vol. 14, n° 1, automne 2005, p. 183-198.

TREMBLAY, Yves, *Volontaires. Des Québécois en guerre (1939-1945)*, Outremont, Athéna, 2006, 141 p. (Collection «Histoire militaire»).

VENNAT, Pierre, *Les héros oubliés. L'histoire inédite des militaires canadiens-français de la Deuxième Guerre mondiale*, tome 1. *De la mobilisation au raid de Dieppe*, Montréal, Méridien, 1997, 350 p.

VINCENT, Sébastien, *Laissés dans l'ombre. Quatorze Québécois racontent leur participation volontaire à la Seconde Guerre mondiale*, Montréal, VLB éditeur, 2004, 281 p. (Collection «Études québécoises»).

Achevé d'imprimer

à Sherbrooke (Québec, Canada), en février 2008

sur les presses de l'imprimerie Transcontinental.